ANA CRISTINA ROSA

empreender
sem desculpas

empreender sem desculpas

DVS Editora Ltda. 2023 – Todos os direitos para a língua portuguesa reservados pela Editora.

Nenhuma parte deste livro poderá ser reproduzida, armazenada em sistema de recuperação, ou transmitida por qualquer meio, seja na forma eletrônica, mecânica, fotocopiada, gravada ou qualquer outra, sem a autorização por escrito dos autores e da Editora.

Design de capa, Projeto gráfico e Diagramação:
Márcio Schalinski | LC Design & Editorial
Revisão: James McSill

```
      Dados Internacionais de Catalogação na Publicação (CIP)
             (Câmara Brasileira do Livro, SP, Brasil)

    Rosa, Ana Cristina
       Empreender sem desculpas / Ana Cristina Rosa. --
    1. ed. -- São Paulo : DVS Editora, 2023.

       ISBN 978-65-5695-082-2

       1. Administração de empresa 2. Empreendedorismo
    3. Gestão de negócios 4. Motivação no trabalho
    5. Sucesso nos negócios I. Título.

    22-140534                                   CDD-658.421
                   Índices para catálogo sistemático:

       1. Empreendedorismo : Administração de empresas
             658.421

       Aline Graziele Benitez - Bibliotecária - CRB-1/3129
```

Nota: Muito cuidado e técnica foram empregados na edição deste livro. No entanto, não estamos livres de pequenos erros de digitação, problemas na impressão ou de uma dúvida conceitual. Para qualquer uma dessas hipóteses solicitamos a comunicação ao nosso serviço de atendimento através do e-mail: atendimento@dvseditora.com.br. Só assim poderemos ajudar a esclarecer suas dúvidas.

Um relato incrível de quem viveu na pele este
mar de rosas com espinhos que é o empreendedorismo

ANA CRISTINA ROSA

empreender
sem desculpas

Convite irrecusável da empreendedora portuguesa que criou
um negócio milionário sem fronteiras para que você decida se
é um empreendedor com cem desculpas para desistir
ou sem desculpas para avançar.

São Paulo, 2023
www.dvseditora.com.br

Para ti Laura, filha. O maior legado que te posso deixar é inspirar-te a acreditar que não existem sonhos impossíveis, mesmo quando tudo nos parece querer provar o contrário. Que este livro e a história nele contada te inspirem a SONHAR sem LIMITES e a pintar o teu mundo da cor que tu quiseres.

SUMÁRIO

AGRADECIMENTOS 8
INTRODUÇÃO 11
PREFÁCIO DE JAMES MCSILL 12
EMPREENDER SEM DESCULPAS 15
O LIVRO QUE LEVOU ANOS PARA SAIR DA GAVETA 19
EU QUERIA SER GRANDE 23
QUEM SOU EU? 27
EU QUERIA MUDAR O MUNDO 31
DESCOBRI QUE O MUNDO ERA A MINHA CASA 35
OUVINDO O MEU CORPO A GRITAR POR MUDANÇA 43
EM BUSCA DO CAMINHO 49
DEFININDO PROPÓSITO 53
ENCONTRANDO O MEU PORQUÊ 57
VERGONHA E ORGULHO 61
DESCOBRINDO O PROPÓSITO 65
GANHANDO CLAREZA 71
SENTIA-ME UM E.T. 77
OS PRIMEIROS PASSOS 81
ONDE ESTÁ O MAR DE ROSAS? 85

I. EMPREENDEDOR SOLITÁRIO VS. EMPREENDEDOR INFLUENTE 93
EMPREENDEDOR INFLUENTE ENTRA EM CENA 99

II. EMPREENDEDOR AO SABOR DO VENTO VS. EMPREENDEDOR
COM FOCO 105
DESPERTANDO O EMPREENDEDOR COM FOCO 113

III. EMPREENDEDOR DE SOFÁ VS. EMPREENDEDOR EM AÇÃO 121
EMPREENDEDOR EM AÇÃO 131

IV. EMPREENDEDOR APAGA-FOGOS VS. EMPREENDEDOR LÍDER 135
EMPREENDEDOR LÍDER ASSUME A SUA POSIÇÃO 141

V. EMPREENDEDOR EMPREGADO VS. EMPREENDEDOR
EMPREENDEDOR 147
A MONTANHA-RUSSA DO EMPREENDEDORISMO 153

VI. EMPREENDEDOR POBRE VS. EMPREENDEDOR RICO 159
EMPREENDEDOR RICO QUE VEM PARA FICAR 167

VII. EMPREENDEDOR CAÇADOR VS. EMPREENDEDOR AGRICULTOR 171
EMPREENDEDOR AGRICULTOR ENTRA EM CAMPO 179

VIII. EMPREENDEDOR CURA TUDO VS. EMPREENDEDOR AUTORIDADE 183
EMPREENDEDOR AUTORIDADE TORNA-SE O PROTAGONISTA 189

IX. EMPREENDEDOR RATO VS. EMPREENDEDOR ÁGUIA 193
EMPREENDEDOR COM VISÃO DE ÁGUIA 201

X. EMPREENDEDOR SEM UM POR QUE VS. EMPREENDEDOR
COM UM LEGADO 207
EMPREENDEDOR QUE DEIXA LEGADO 213

AVANÇAR OU DESISTIR 217

AGRADECIMENTOS

Sempre gostei de imaginar o que diria se recebesse um prêmio, um Oscar, por exemplo. Vejo com atenção todas essas cerimônias e acho que, se fosse comigo, acharia sempre que não tinha conseguido agradecer o suficiente. Pois bem, aqui estou eu, não com um Oscar na mão, mas com um livro, sonhado, planeado e escrito e reescrito vezes sem conta. Não tenho, certamente, a pressão de um microfone à frente em que poderia correr o risco de esquecer alguém, mas também não quero transformar estas páginas de agradecimento num outro livro, por si só, de tantas pessoas a quem teria algo para dizer.

O primeiro GRANDE OBRIGADA vai para a minha família, o meu porto de abrigo, é aqui que tenho a minha base, todo o resto só faz sentido com eles por perto. Não preciso nomear um por um, pois quando digo família, os meus sabem a quem me refiro, incluindo os amigos, a quem também chamo família.

Neste livro está a história de uma década de empreendedorismo, e isto só foi possível com todos aqueles que comigo se cruzaram — clientes e alunos —, bem como, todos aqueles que sonharam comigo e que me fizeram aos bocadinhos deixar de pensar que era uma uma portuguesinha maluca solitária no meio de tudo isto. OBRIGADA!

Nos bastidores do meu palco está a minha equipe fantástica, que nunca me diz que não, mesmo quando apareço com uma ideia mirabolante que quero ver implementada em tempo recorde. OBRIGADA!

E por fim, um agradecimento especial àqueles que me ajudaram a tornar este livro sonhado uma realidade materializada. O meu querido mentor James McSill, a primeira pessoa que leu este livro e que me guiou com tanto profissionalismo e dedicação em cada passo, e à DVS Editora que me recebeu, acreditou em mim e tornou este livro uma obra publicada. OBRIGADA!

A loucura do empreendedorismo: avança ou desiste! Isto vale para a Europa e vale, permite-me dizer, ainda mais para o Brasil.

INTRODUÇÃO

Tenho a certeza que apesar de esta ser a história da portuguesinha que ousou fazer diferente, é também a história de milhares, milhões de brasileiros que diariamente arriscam e tornam-se Empreendedores sem Desculpas.

Vais ler a minha história, sim, de mais de uma década de empreendedorismo, mas tenho certeza de que é também a tua história. Porque quando se fala da capacidade de transformar sonhos em realidade, não há mares ou oceanos que nos separem, pois estamos todos no mesmo barco e a remar rumo ao mesmo destino: CRIAR UM NEGÓCIO DE SUCESSO, sem desculpas para fazer o que tem de ser feito, não só no Brasil ou Portugal, mas no Brasil e Portugal e no mundo.

A publicação do meu livro, em Portugal, superou todas as minhas expetativas. A reação dos leitores, as centenas, milhares de mensagens e emails a agradecer a partilha e a inspiração que lhes trouxe para enfrentar a montanha-russa do empreendedorismo, fez-me ter a certeza de que estou no caminho certo.

Levar o meu Empreender sem Desculpas a cruzar o Atlântico é muito mais do que um sonho tornado realidade, é o meu ímpeto de mostrar como se cresce no mercado português para os empreendedores brasileiros, bem como a validação do que partilho no meu livro: Que quando insistimos, persistimos e não desistimos a realidade, por vezes, supera os nossos sonhos mais gigantes.

Sei que apesar do oceano que nos separa, a proximidade é imensa.

Não apenas partilhamos a História, a língua, mas também a garra de fazer acontecer, fruto da cultura de povos que conquistaram o mundo.

"Claro que sim, Ana, tens uma mensagem e história únicas", incentivou-me o meu amigo James McSill - e James é um dos consultores de história mais relevantes do mundo -, "e o Brasil vai amar a tua autenticidade".

James, quando afirma, afirma com conhecimento e entusiasmo, que o Brasil precisa conhecer a minha história, e, claro, acredito nele.

PREFÁCIO DE
JAMES MCSILL*

A minha avó, que atravessou um oceano de Portugal ao Brasil para iniciar uma nova vida, do zero, em terras que mal sabia que existiam, tinha uma resposta que permanece comigo até hoje. Quando lhe perguntavam sobre a jornada, dentro de um pequeno navio alemão, já órfã de pai e mãe, com apenas 16 anos e a cuidar da irmã de 14 e do irmãozinho de 5, passando por todo o tipo de privações e perigos, ela respondia que a maior jornada da sua vida não foi a viagem de navio, as tempestades no mar para quem nem conhecia uma praia até então, ou a fome, as doenças. "Uma das maiores jornadas da minha vida", dizia ela, "foi superar a insegurança, lidar com os medos, criar o meu próprio caminho e, neste processo, aprender a realmente não ligar a mínima para o insucesso".

Mais de 120 anos após a minha avó se ter lançado de Portugal ao extremo sul do Brasil, encontrei outra portuguesa tão destemida como a que mais admirei toda a vida: a Ana Cristina Rosa. Reconheci-a pelo brilho no olhar, pelo falar firme, pela vontade de levar consigo o maior número de pessoas a atingir o que elas percebiam — no caso da Ana, percebe — como sucesso.

A cereja do bolo é algo pessoal e intransferível, mas a minha avó, ao deixar este mundo aos 99 anos e oito meses, com determinação ferrenha, coroou com cerejas todos os bolos que se empenhou em fazer. Numa ocasião próxima hei de contar esta história. Agora, contudo, o foco é na jovem Ana, que neste livro, vai mostrar a você, leitor, o caminho para encimar o primeiro bolo com a primeira cereja. E que jornada!

Escrever um livro e publicá-lo por uma editora comercial, e antevendo um grande sucesso, é sempre uma jornada, que requer não apenas grandes autores, mas grandes pessoas. E como esses autores conseguem esta façanha tão sonhada por tantos e alcançada por tão poucos?

Porque, sobretudo, sei que a Ana irá arrematar mais este bolo com uma linda e saborosa cereja?

Simples! A Ana possui as qualidades de quem lá quer e sabe como chegar, mas não quer — e não aprecia — chegar sozinha, tem ânsia de partilhar.

Ao ler este livro da Ana Cristina Rosa, irá descobrir o segredo, na verdade nem tão segredo assim; porém, muitas vezes negligenciado. Ana nos mostra como fez e como se faz, como conquistou o seu lugar e se tornou a empreendedora que hoje é, como acontecimentos a inspiraram e como traçou — pois este é um traço lindo da sua pessoa — uma jornada que pode ser reproduzida por todos nós. Então, a menina do Algarve que hoje é uma das mais importantes empreendedoras digitais de Portugal, neste livro, conta tudo para você!

Nada melhor do que experimentar o doce sabor de se ter um sonho realizado. Melhor ainda, é vermos as pessoas que admiramos a realizá-los. Tal como aquela portuguesa que até hoje marca a minha vida, deixe a Ana mostrar para você não apenas o que é obter sucesso, mas obtê-lo com significado. "Se não for para nada ou para outrem" — isto é: vazio de significado —, dizia a primeira, "não vale a pena". A segunda, tenho certeza, concorda.

A meu pedido, a DVS Editora, permitiu-me "ajustar" o texto da Ana, escrito em Português Padrão Europeu para o Português Brasileiro. Como linguista de profissão, decidi ler em voz alta o texto inteiro e apenas "ajustei", se assim se pode dizer, aquilo que a sonoridade me pediu, ou alguma expressão que imagino distante do leitor brasileiro, deixando neste livro todo o sabor da linguagem original da Ana Rosa. O uso "correto" do TU deixei intacto, o que na leitura nos deixa "escutar" um português ou um gaúcho do extremo-sul do Brasil a falar.

Porém, o mais importante neste livro é que ele tem o propósito de inspirar o leitor, brasileiros ou não, quanto ao poder do empreendedorismo, mostrar que na Europa não é diferente — e que em Portugal é possível, por ser um dos mercados para negócios mais promissores da Europa! —. Como disse a Yoko Ono: "um sonho sonhado sozinho é um sonho. Um sonho sonhado junto é realidade."

Então, venham sonhar como a Ana. O futuro pertence a vocês que acreditam na beleza dos seus sonhos e perseguem os caminhos de quem já o trilhou e obteve sucesso. O Empreender sem Desculpas é uma viagem a Portugal, é sentar-se em uma mesa à beira do Tejo e levar um bom papo coma Ana, sotaque e tudo! Aproveitem esta obra rara!

(*) **James McSill**, conhecido pelo seu longo trabalho com o Brasil, é luso-escocês, multilíngue, CEO do McSill Story Studio, com sedes na Inglaterra, Escócia e Portugal. Com mais de 30 livros publicados, é o único consultor de histórias a estar presente em todos os continentes, falando diretamente a mais de 20 mil pessoas ao ano e, por meios das suas histórias e consultorias no campo do entretenimento (TV, Teatro e Cinema), a sua voz, chega a atingir mais de 100 MILHÕES DE PESSOAS mundo afora, muitas vezes em um único mês.

EMPREENDER SEM DESCULPAS

— Ana, a sra. das 14 horas mandou mensagem a desmarcar. Pelo menos esta avisou — disse a dona do espaço de terapias.

Eu estava ali sentada desde as dez horas da manhã. Na noite antes mal tinha dormido, num misto de entusiasmo e nervosismo. Andava há semanas a promover o *Dia Aberto de Sessões de Coaching*. Tinha conseguido cinco marcações para uma sessão gratuita, onde ia apresentar os meus serviços de Sessões Motivacionais. Eu tinha me levantado às sete horas da manhã, conduzido cerca de uma hora de Portimão a Faro para chegar ao espaço onde ia dar as sessões.

Lembro-me como se fosse hoje do que tinha vestido. Uma camisa branca impecavelmente passada, umas calças de bombazine pretas, uma bota preta com um pequeno salto, uma bolsa preta para combinar e um lenço azul e cinza que a minha mãe me tinha oferecido e que decidi estrear naquela ocasião especial. Estava habituada a vestir-me de jeans e tênis, mas naquele dia quis passar um ar de maior credibilidade e achei que a roupa ajudaria.

Cheguei cheia de expectativas.

Na parte da manhã, das duas marcações que tinha, ninguém apareceu. Não tinham dito nada. Fui, então, almoçar num restaurante ali perto acreditando que na parte da tarde iria correr melhor.

Só que após o almoço tudo se repetiu.

— Ana, a senhora das 14 horas desmarcou — disse a dona do espaço, agora numa voz tão baixa que mal ouvi.

Tentei manter o ânimo, afinal era isso que eu queria fazer, partilhar com os outros como manter o pensamento positivo.

— Está bem — respondi.

Ainda tinha mais duas pessoas marcadas para aquela tarde. Ia dar tudo por tudo para que essas saíssem dali satisfeitas. Tinham de sair satisfeitas. Muito satisfeitas.

empreender sem desculpas

Aguardei 30 minutos.

— Cafezinho, Ana?

Abanei que não-obrigada com a cabeça. Uma hora...

Uma hora e meia...

O celular estava quase sem bateria de tantas horas que tinha passado a passar o dedo no ecrã, cursos, receitas, viagens, já tinha pesquisado um pouco de tudo para passar o tempo.

— Se quiser, pode dar uma volta. Se chegar alguém... se chegar a sua cliente dou-lhe uma apitadela.

Abanei a cabeça negativamente, sem levantar o olhar do ecrã.

— Ok — acrescentou a dona do espaço e saiu do gabinete. Duas horas...

Três horas...

A dona do espaço circulava por ali, respirando fundo. Levantei-me e joguei o celular para dentro da bolsa preta.

— Vou à casa de banho. Eram agora 17 horas.

Regressei ao escritório. Não retirei o celular da bolsa, naquele tempo que ali fiquei não deu um bip, nada. Permaneci na cadeira, a observar as botas e a bolsa. O preto das primeiras era ligeiramente mais claro do que o preto da segunda. A bolsa era preta demais, era outro preto. Só que, claro, ninguém iria criticar. Ninguém iria ver. Ninguém tinha aparecido.

— Ana, pedimos desculpa, não conseguimos controlar isto. As pessoas marcam e depois não aparecem.

— Claro, eu entendo. Não há problema nenhum — respondi fazendo um esforço sobre-humano para parecer tranquila.

Arrumei, então, as minhas coisas e saí a passos largos. Cheguei ao carro e iniciei a viagem de regresso a casa.

Estava desiludida. Sentia-me um fracasso. O que ia contar à minha mãe? O que ia dizer à minha irmã? Tinha partilhado com toda a gente a vitória daquelas cinco marcações. Iria ser "Ana, a chacota da família. Ana, a louca das mil ideias. A que havia ido longe demais." Tinha trocado uma promissora carreira de jornalista por um sonho sem sentido em que gastava mais dinheiro do que aquele que ganhava.

"Isso não vai funcionar. É mais outra das tuas mirabolantes ideias. Como é que vais viver?" Ouvia tudo isto em eco na minha cabeça. Tinha vontade de chorar. Como podia ter sido tão ingénua ao ponto de acreditar que alguém queria saber das minhas sessões de motivação, se nem eu própria conseguia me motivar naquele momento.

Seria o fim?

O desfecho de uma história de empreendedorismo malsucedido? Não foi!

Foi apenas o início.

E que início!

ANA CRISTINA ROSA

O LIVRO QUE LEVOU ANOS PARA SAIR DA GAVETA

Este livro que agora tens nas mãos foi das coisas mais desafiantes que fiz até hoje. Procrastinei até não poder mais, faltava sempre algum detalhe, escrevi e reescrevi vezes sem conta as páginas que se seguem. Eu que me exponho constantemente nas redes sociais, que já lancei dezenas de programas online, que tenho centenas de empreendedores que acompanho, ainda assim porquê essa resistência. Porquê todo o 'medo' quanto a um mero livro?

Vou confessar-te porquê.

Neste livro, sem pudor, dispo-me completamente, mostro-te os bastidores desta jornada empreendedora, com muitos episódios como o relatado anteriormente. É mais fácil falarmos das vitórias do que dos fracassos. Mas também, aprendi que só quando falamos dos desafios nos tornamos reais e mostramos a quem está passando pelo mesmo que é possível. Embora vivamos em uma época em que tudo parece — ou é — possível, não existe magia, embora exista algo concreto e palpável, como o conhecimento dos caminhos que nos levam ao sucesso.

Tenho tido a imensa oportunidade de conhecer pessoas fantásticas ao longo da minha vida, por isso posso afirmar que as mais bem-sucedidas são aquelas que nunca deixam de estar dispostas a aprender. Portanto, a minha proposta para ti ao longo das próximas páginas é que te permitas perguntar a ti mesmo: "O que posso aprender com isto?", "Como posso aplicar isto à minha vida?". Essas são questões poderosas que te desafio a colocar ao longo de todo o livro. Devo afirmar, sobretudo, que este é o livro que eu gostaria de ter lido nos meus primeiros tempos de empreendedora.

Aviso já que não é um livro cheio de conceitos teóricos e passos técnicos sobre o empreendedorismo. Este é o tantas vezes não falado lado 'negro' do empreendedorismo – os medos, a frustração, as derrotas, a quantidade de ideias que ficam pelo caminho.

Li, uma vez, que cerca de 70 por cento dos empreendedores desistem nos primeiros três anos de negócio e que mais de 80 por cento das pessoas nunca têm sequer a coragem de avançar e tirar os sonhos da gaveta. Muitos dos empreendedores com quem trabalho dizem-me que estavam nesse ponto quando me conheceram e que podiam facilmente ter feito parte desta estatística. Então, sinto que se fala muito de empreendedorismo numa vertente de negócio – estratégias, balanços, plano de negócios, etc. No entanto, o que te proponho aqui é algo completamente diferente. É uma viagem de dentro para fora, é trazeres para cima, deixares aflorar, o empreendedor que vive dentro de ti, camuflado muitas vezes por crenças que foram ganhando raízes ao longo dos anos.

Estamos a atravessar a melhor altura de sempre para iniciar negócios, a melhor época da história para empreender. Mas, então, porque é que apenas uma pequena parte tem sucesso? O que distingue esses empreendedores dos restantes?

Ao longo deste livro vais claramente conseguir dar resposta a estas perguntas. Como já estive nos dois lados da história, reúno aqui uma série de experiências que te vão ajudar a perceber o teu momento.

Um grande mentor e amigo, o James Mcsill, uma das pessoas que me ajudou a transformar as minhas ideias neste livro, disse-me durante um retiro, enquanto eu escrevia estas linhas:

— Conta a tua história como se estivesses a construir uma casa. Começas por construir os alicerces de uma casa, depois, mostras como é a casa e o que lá está dentro.

E é exatamente isso que preparei para ti nestas páginas.

Na primeira parte vou partilhar contigo os alicerces da 'casa' do empreendedorismo. Para criarmos um negócio de sucesso temos de começar pela base, e essa base é a nossa paixão, é aquilo que nos move para escolhermos fazer aquilo, é a identificação do nosso caminho. São esses alicerces seguros que sustentam uma casa mesmo nos dias de grande tempestade, e assim é no empreendedorismo.

Na segunda parte e quando parece que a história com final feliz terminaria aí, convido-te a mergulhar nos desafios de um empreendedor.

Claro, a história não termina quando a obra da casa fica concluída, pelo contrário, é aí que começa verdadeiramente. Assim é com o Empreendedorismo.

ANA CRISTINA ROSA

Para a segunda parte, preparei também uma 'viagem' pelos primeiros tempos de um empreendedor com o propósito de mostrar-te que não estás sozinho.

Esta minha história é com certeza a história de centenas, milhares de empreendedores que todos os dias se desafiam a transformar os seus sonhos em realidade. O empreendedorismo vem com uma série de desafios. Desafios recompensadores, mas ainda assim desafios difíceis. Empreendedores experientes precisam lidar com isso, não importa há quanto tempo estão no mercado - tentar estabelecer uma marca, se ajustar para igualar ou superar a concorrência e manter o seu negócio lucrativo é um desafio, não importa há quantos anos estejam no negócio. Mas para novos empreendedores, existem alguns desafios únicos que são especialmente difíceis de superar. Se estás apenas entrando no jogo ou pensando em te tornares um empreendedor, está preparado para enfrentar com sabedoria e entusiasmo os obstáculos que, embora significativos, com a atitude e método apropriados ficam mais fáceis ultrapassar.

Esta é a minha proposta com este livro!

Mas deixemo-nos de promessas e comecemos a história.

ANA CRISTINA ROSA

EU QUERIA SER GRANDE

Levaste grande parte da tua vida a querer ser independente, não é verdade?

Em criança querias ser adolescente. Em adolescente contavas os dias para completar os 18 anos. Depois dos 18, tenho certeza, contavas os dias para teres o teu primeiro trabalho, ganhares o teu próprio dinheiro. Tudo o que mais desejaste, contudo, sempre foi ser independente, dono da tua própria vida. Mas depois, deixaste que o emprego tomasse conta de ti e que alguém decidisse a tua vida, quanto recebes, quando vais de férias, quanto tempo passas com a tua família. Deixaste que as expectativas dos outros anulassem as tuas e essa tão proclamada independência te transformasse numa criatura infeliz e dependente de um sistema no qual não te reconheces.

O que te diria a tua versão criança se olhasse para ti agora? Afinal estás na fase em que ela tanto sonhou.

SER GRANDE!

Sinceramente acho que passaria a contar os anos devagarinho, devagarinho com medo do que vinha por aí. Estou certa?

Ainda mal começaste a ler e já te sentes desconfortável?

Mas afinal quem sou eu para ter o desplante de falar assim contigo?

Nem me conheces.

Tens toda a razão.

Então, deixa que me apresente.

Sou a Ana Cristina Rosa, estou nos meus trinta, tenho uma família maravilhosa e um negócio que me apaixona. E a descrição que leste acima foi escrita para mim mesma.

empreender sem desculpas

Sim, escrevi estas linhas não de mim para mim, porque já não sou a mesma. Mas da Ana de hoje para a Ana de há uns anos.

Identificaste-te?!

Mera coincidência?

Talvez não!

Se pudesse falar com a Ana criança, eu lhe diria que a vida iria ser incrível, que o mundo estaria ao seu alcance, que as pessoas partilhariam dos seus interesses. Eu também diria que "não importa se a vida não é perfeita agora", porque será perfeita quando crescer — basta trabalhar para tal. Diria que iria adorar o trabalho que viria a fazer, pois aprenderia a ouvir o coração. Sem dúvida, diria a mim mesma para não ser tão insegura, que outras pessoas partilham os mesmos medos e incertezas. Também diria a mim mesma que um dia, num futuro sombrio e distante, chegará um ponto em que terei de decidir o que quero fazer da minha vida, mas não importa o que escolher, porque seja o que for, tudo será incrível, precioso, maravilhoso. Dependerá apenas de mim, de mim mesma.

E tu?

O que te diria o teu Eu de Hoje ao teu Eu criança?

Não te acanhes. Não tenhas vergonha. Eu agora já não tenho. Descobri que aqueles sentimentos tão meus, que me envergonhavam e que não partilhava com mais ninguém são afinal partilhados por muito mais pessoas do que eu poderia sequer imaginar.

És uma delas?

Sou digna da tua atenção?

Este é o momento em que fechas o livro e o arrumas a um canto, ou decides continuar comigo. Mas, se ainda estás aqui, fico feliz!

A partir de agora somos só nos dois — eu e tu, tu e eu.

Vai, então, buscar um café ou chazinho, senta-te confortavelmente, posto que será uma conversa de amigos com muitos desabafos e partilhas.

Volta rápido, ou não voltes mais.

ANA CRISTINA ROSA

QUEM SOU EU?

A clássica pergunta:

QUEM SOU EU?

Nunca soube muito bem o que responder a esta pergunta quando participava naquelas formações de fim de semana e me pediam para me descrever em breves palavras. Não sabia o que se esperava que eu dissesse. Normalmente deixava alguns colegas começarem e eu continuava no mesmo tom, para não sair da 'manada'.

Entretanto, interrompo aqui esta história com a promessa de continuar. Já que vamos passar umas boas horas juntos, vou deixar essa pergunta por responder e vou contar-te antes a minha história. Não há nada que me apaixone mais do que histórias, é isso que nos torna únicos, é isso que nos conecta, é isso que levamos e o legado que permanece quando deixamos este mundo. As nossas histórias.

Por isso, aqui vai.

Eu, Ana Cristina Rosa, nasci em 1984, num dia quente de agosto, numa cidade algarvia, ao sul de Portugal, entalada entre a geração da revolução e a geração da internet.

"Como foi a tua infância?" Pergunta típica de psicólogo. A esta sempre soube responder.

Tive uma infância feliz. Fui criança com tempo para ser criança. Apesar de os meus pais se terem separado quando eu tinha cinco anos e todo o drama que isso trouxe à minha rotina familiar, quando recordo a minha infância, as memórias que tenho são genuinamente felizes. Brincava na rua, fazia cabanas nas árvores, jogava ao berlinde, andava de bicicleta, comia pão com Tulicreme como se não houvesse amanhã e entusiasmava-me por aprender coisas novas na escola.

Recordo em particular, uma época em que durante alguns meses vivemos sem luz em casa, e após o jantar, íamos a pé até a um café a cerca de 20 minutos de casa para podermos ver a novela. Lembro-me de adorar aquela aventura e o entusiasmo de irmos a pé com uma vizinha para assistirmos durante cerca de uma hora à novela da noite. Passados alguns meses a minha mãe conseguiu resolver o problema da eletricidade e pudemos ver televisão em casa. Que excitação! Lembro-me de ter apenas dois canais na televisão e de num qualquer dia dos anos 90 estarmos em casa a sintonizar um novo canal, a SIC, imenso prazer e curiosidade.

— Vem ver, mãe — chamei.

— Que giro — disse a minha mãe, a elogiar, imagino, o que via no ecrã.

— Vai passar novela no novo canal?

— Claro que vai, Ana.

A minha irmã aproximou-se e ficamos ali, mesmerizadas com as cores vivas do terceiro canal.

— Vai passar novelas brasileiras — disse, arrastando-me ao chão para ficar mais perto do ecrã.

— Senta-te aqui Ana — a minha mãe de leve batia à borda do sofá —, que imagem, que cores ....

— Mãe...

— Ana...

E o tempo voou.

Num pulo, fui apanhada no meio da revolução tecnológica.

Num dia estava a brincar na rua até ouvir os gritos da minha mãe à janela a dizer que era hora de ir para casa, no outro estava a descobrir um computador pela primeira vez e a passar horas a fazer desenhos no Paint, nunca fui dotada para o desenho, mas não havia muitas opções para explorar no computador e aquele Paint parecia magia.

Mais um salto e eu estava com quinze anos e começava os primeiros namoricos. Uma época em que ainda não se usava celular. Combinávamos, eu e o meu namorado, encontrar-nos às 18 horas na árvore perto de minha casa. Não havia mensagens, não havia telefonema a dizer estou a chegar. Apenas aparecer à hora marcada e esperar ansiosamente que ele não falhasse.

Quando acontecia ele não poder aparecer, ficava sem notícias e só no dia seguinte ou dois dias depois quando nos voltássemos a ver na escola me explicava o que tinha acontecido. O tio precisou de ajuda, o amigo apareceu lá em casa, etc. E pronto, não havia discussão. Simples.

Imagino hoje em dia, alguém não aparecer num encontro e só termos uma explicação um ou dois dias depois. Não quero com isto dizer, que estes tempos eram melhores ou piores, apenas diferentes. Nós eramos diferentes! Tenho um irmão 24 anos mais novo do que eu. Um dia, em conversa, contei-lhe que às vezes tinha que esperar que a nossa mãe saísse do trabalho quando eu acabava a escola, durante quatro ou cinco horas.

— E o que fazias mana? —perguntava-me ele.

— Nada! — respondia eu.

Sim! Eu não fazia nada. Absolutamente nada!

Não havia celular para entreter, não havia tablet. Apenas esperava.

Às vezes, como miúdos faziam naqueles tempos, lia um livro que havia requisitado na biblioteca municipal ou rascunhava um caderno com letras de músicas.

Curioso, hoje, refletir sobre isto. Estávamos habituados a não fazer nada. Habituados a esperar.

Se fossemos no carro não havia nada para fazer. Eu e a minha irmã —15 meses mais nova —, não tínhamos esse problema, sempre fomos muito criativas nas brincadeiras que acabavam muitas vezes às turras, com a minha mãe a prometer que nunca mais iríamos a lado nenhum e no fim de semana seguinte lá íamos novamente. O castigo pior era "hoje quando chegarmos a casa não veem a novela."

Sim, como eu adorava assistir as novelas brasileiras. E à socapa ficávamos no corredor a ouvir. A minha mãe, anos mais tarde, contou-me que sabia que estávamos ali no corredor, mas que nunca disse nada. Minha querida mãe, com tantas qualidades, mas regras, castigos nunca foi com ela.

Bem, porque te conto tudo isto?

Porque quero que me conheças melhor, porque vamos passar algum tempo juntos, tempo esse que eu espero que seja transformador. Porque sei que à medida que recordo a minha infância também tu viajas no tempo e voltas a viver momentos da tua história. Descobri mais tarde que estes primeiros anos de vida nos dão fundações importantes para tudo o que vai acontecer mais tarde. Não é por acaso que especialistas da mente humana dedicam tanto dos seus estudos às experiências da infância para entenderem os comportamentos do adulto. Voltarei, portanto, a falar de infância um pouco mais à frente neste livro.

ANA CRISTINA ROSA

EU QUERIA MUDAR O MUNDO

A minha forma preferida de passar o tempo quando criança e mais tarde jovem, era na minha imaginação. Podia levar horas a imaginar como seria a minha vida, o que iria fazer. Não sei se seria assim com todas as crianças, mas eu certamente sempre fui uma sonhadora.

Acreditava que estava predestinada a algo muito grande, que ia mudar o mundo, que ia ajudar muita gente. Com cerca de cinco anos dizia que queria ser médica, que ia ajudar pessoas. Ambientes hospitalares e eu temos uma relação complicada, causam-me ansiedade. Mas naquela idade, não pensava nisso, queria ajudar pessoas, e ser médica parecia-me a escolha ideal.

Depois entrei para a escola primária, aqueles conjuntos de letras nos meus livros passaram a ganhar um novo sentido, e comecei a perder-me nas histórias. No verão devorava livros dos "Cinco" e "Clube das Chaves".

Começou aí a paixão pela escrita. Queria ser escritora! Como eu queria escrever algo que outras pessoas pudessem ler.

Depois quis ser atriz! Representar diferentes papéis, aquela magia do cinema e da televisão faziam-me sonhar...

A minha mãe na altura tinha o sexto ano de escolaridade, mais tarde fez o nono já eu era adulta. O meu pai tinha frequentado o secundário. Nunca na família alguém havia tirado um curso superior. O meu pai cresceu no meio dos negócios dos meus avós, e quando chegou a adulto continuou a fazer aquilo que melhor sabia, teve churrasqueiras, casas de petiscos, restaurantes e por muito que diga que está cansado, sei que é isto que lhe apaixona fazer. A minha mãe quando eles se separaram, passou a trabalhar horas e horas por conta de outrem, primeiro cozinha, depois supermercados, nunca sonhou sequer ter um negócio próprio.

No verão quando eu tinha férias da escola era quando a minha mãe mais trabalhava. Viver numa zona turística como o Algarve significa trabalhar muito no verão, e por isso sempre disse que um dia quando crescesse não iria trabalhar no verão, pois queria tempo para passar com os meus filhos. Nos empregos que a minha mãe teve a sua única exigência sempre foi ter o domingo de folga. Esse era o nosso dia, passeávamos, brincávamos, íamos almoçar fora, como eu tenho felizes recordações dos domingos da minha infância.

A minha mãe começou a trabalhar com catorze anos, sempre trabalhou de sol a sol para dar uma vida confortável a mim e à minha irmã, chegava a casa exausta, muitas vezes, com queimaduras da cozinha nos braços e dizia que aquela não era a vida que sonhava para nós.

O sonho da minha mãe era que eu e a minha irmã encontrássemos um emprego num Banco ou nos Correios, algo "limpinho e seguro" como ela dizia, com fins de semana, feriados e tempo para a família que iríamos construir. Quando íamos ao Banco dizia como nos imaginava um dia a trabalhar num sítio daqueles. Nunca a quis desapontar, mas a ideia de estar fechada num mesmo local o dia inteiro, só por si fazia-me sentir falta de ar. Nada contra quem tem um trabalho assim, mas já em criança percebi claramente que seria muito difícil um dia conseguir estar num único local a trabalhar.

Aos 15 anos arranjei um trabalho de verão. No sítio onde vivo, no Algarve, o que mais desejamos é ter idade para o primeiro emprego de verão. Com 15 anos, tive o meu, num supermercado — oito horas por dia, um dia de folga por semana, 60 contos por mês, hoje o equivalente a cerca de 300 euros.

Foi a melhor e a pior experiência que tive neste meu primeiro contato com a 'vida real'. A pior experiência, porque cada dia era um sacrifício, principalmente ao sábado e ao domingo às oito da manhã depois das saídas com amigos aos bares da Praia da Rocha. A minha mãe nunca quis que eu trabalhasse, mas sempre me disse que quando eu desse a minha palavra tinha de assumir o compromisso até ao fim. E assim foi, aguentei até ao fim do verão. Queria juntar dinheiro para comprar a minha primeira Scooter. Era esse o meu foco. A melhor experiência, porque claramente comecei a perceber que se não fizesse alguma coisa, aquilo não seria só um emprego de verão, era o que me esperava para a vida.

No verão seguinte voltei a trabalhar numas lojas de artesanato.

A experiência, felizmente, foi melhor. Ganhava mais e caí na ratoeira. Quando a escola iniciou em setembro, comecei a faltar às aulas, queria voltar a trabalhar. Fui expulsa por faltas. A minha mãe descobriu por acaso porque encontrou a diretora de turma num supermercado. Não consigo esquecer a cara de desilusão dela. Fui procurar um novo trabalho. Arranjei trabalho numa pizzaria, tinha 16 anos. Fizeram-me contrato a seis meses com possibilidade de renovação. Nem o décimo ano tinha terminado.

    A minha mãe via longe o seu sonho de me ver num emprego de bancária. Acho que se lhe dissessem na altura que um dia eu não conseguiria parar de estudar e faria tudo o que a vida académica tem para nos oferecer — Licenciatura, Pós-graduação, Mestrado, etc — ela não acreditaria.

    Mas nada acontece por acaso.

    Bastaram cerca de três meses para perceber que tudo aquilo estava muito longe dos meus sonhos de criança. Rescindi o contrato na pizzaria e voltei a matricular-me na escola. Tudo mudou!

    Voltei a ser a excelente aluna da escola primária e do ciclo, destaquei-me com sucesso, ganhando até uma viagem como uma das melhores alunas da escola. Terminei o 12º ano e a entrada na universidade parecia-me óbvia.

    Novo Dilema. Que curso escolher!? Três opções em cima da mesa:

PSICOLOGIA
sempre me fascinou a mente humana.

TURISMO
sempre fui louca por viagens.

JORNALISMO
sempre sonhei viver da escrita.

Sim! A paixão pela escrita falou mais alto.

    Nunca deixei nenhuma disciplina para trás, embora faltasse a muitas aulas na faculdade. Terminei cada semestre com excelentes resultados. A minha mãe não se continha de orgulho. A minha irmã entrou também para a universidade no mesmo ano que eu. E com muito esforço a minha mãe com o apoio do meu padrasto e do meu pai fez os possíveis e impossíveis para garantir que nada nos faltava. Duas filhas na universidade. Sinceramente, acho que ela nunca sonhou tanto.

ANA CRISTINA ROSA

DESCOBRI QUE O MUNDO ERA A MINHA CASA

Pouco tinha saído do Algarve, a não ser nas excursões que fazia com a minha mãe ao norte de Portugal e Lisboa, e as férias do verão que passava com o meu pai em Andorra, onde ele vivia. Tinha muita vontade de conhecer o mundo, embora não tivesse ideia do que havia para descobrir.

No último ano de curso decidi fazer Erasmus - um programa que apoia a mobilidade de alunos e professores entre universidades de todo o mundo. A minha escolha: Polônia.

— Polônia, Ana?? Onde é que isso fica mesmo? — perguntou a minha mãe.

— Aqui ao lado da Alemanha, dizia eu apontando um mapa. Vês, tem todas estas fronteiras mãe, dizia eu entusiasmada.

— Mas não conheces lá ninguém, tens a certeza? — questionou a minha mãe apreensiva.

Três anos antes havia decidido estudar numa cidade a 500 quilômetros de casa, e a minha mãe lamentava o fato de nos ver apenas uma vez por mês. A minha irmã tinha ido comigo para a mesma universidade, e apesar das duas filhas saírem de casa ao mesmo tempo, confortava-lhe saber que tínhamos a companhia uma da outra.

Mas agora a história era outra, além dos 3000 quilômetros de distância que separavam a Polônia de Portugal eu ia completamente sozinha.

A aventura que me propunha tinha tanto de assustadora como entusiasmante. A solidão, lembro, durou pouco, pois em meia dúzia de dias fiz amizades com colegas do mundo todo, amigos com que ainda hoje mantenho o contato.

Os seis meses de Erasmus depressa chegaram ao fim, e apercebi-me que não eram o suficiente para matar a minha fome de uma experiência além-fronteiras. Falei com todos os professores da universidade e pedi uma oportunidade para ficar. Resultado: fiquei mais meio ano a estagiar num jornal e numa televisão polaca.

empreender **sem desculpas**

No jornal Gazeta Wyborcza, um dos maiores periódicos nacionais polacos, tinha uma rubrica na qual dava a minha opinião sobre diferentes aspectos da Polônia - cultura, educação, gastronomia, turismo.

Foi uma experiência inesquecível e que me deu uma bagagem muito grande para todo o caminho profissional que se seguiu. Foi, sem dúvida, um dos anos mais marcantes da minha vida. Redescobri-me e percebi que o mundo era a minha casa, que vibrava com as partilhas culturais, com a aprendizagem de um novo idioma. Essa experiência acentuou a minha paixão por viagens, que se tornou um dos meus maiores focos. Teria que ter um trabalho que me permitisse dar asas a esta paixão. Devo dizer que depois desta aventura na Polônia traria muito mais do que a bagagem profissional, traria uma nova visão de mim mesma e do mundo, amigos para a vida e também um amor polaco, o Artur.

A seguir, aventurei-me pela Inglaterra e ainda pela Irlanda.

Cheguei à Inglaterra cheia de sonhos.

Tinha adorado a experiência na Polônia e estava confiante que os ingleses iam render-se 'aos meus encantos' como os polacos.

Só que não.

A Inglaterra tinha sido uma escolha óbvia, dominava o Inglês, e tinha lá amigos a viver. Após as festas de Natal e Ano Novo parti cheia de sonhos, a minha mãe despediu-se no aeroporto de Faro com os olhos marejados de lágrimas. Não tinha nada planeado, ia ficar os primeiros dias na casa de um amigo e iria procurar trabalho. O Artur foi comigo, desta vez, não estava sozinha.

O amigo esperava-nos na estação de trens de Oxford. Começamos logo a planejar o dia seguinte, íamos começar a procurar casa e a visitar todas as agências de trabalho temporário que havia na cidade.

Chegamos a casa, e desenrascamos a dormir num colchão no chão, afinal eram só uns dias até encontrarmos casa, mas os poucos dias transformaram-se em semanas, afinal não era assim tão fácil alugar casa enquanto não tínhamos os papéis em dia.

Essas primeiras semanas foram muito difíceis para mim, o entusiasmo dos primeiros dias começou a dar lugar a frustração. Já tinha passado quase um mês e eu não tinha encontrado um trabalho, quando chegava a casa tudo o que tinha era um pequeno colchão para dormir no corredor entre um quarto e a casa de banho. Ainda não tinha conseguido instalar internet no meu portátil e por isso pouco conseguia falar com a minha família. Passaram-me várias vezes pela cabeça se tinha tomado a decisão certa com aquela aventura.

Cerca de um mês depois conseguimos finalmente alugar uma casa que passamos a dividir com mais quatro pessoas, pelo menos tinha um quarto meu com televisão, computador e ligação à internet, tudo o que eu sonhava depois do que tinha passado.

Pouco depois ligaram-me de uma das agências de trabalho temporário onde tinha deixado a minha candidatura. Tinham um trabalho para mim na Câmara Municipal de Oxford, para ajudar nas tarefas administrativas. Nem ouvi bem a descrição das funções, fiquei em êxtase, um trabalho era tudo o que eu queria. No mesmo dia fui ao centro da cidade e comprei na Primark umas camisas e calças 'profissionais'. Não conhecia aquela loja na altura em Portugal, e lembro-me de ficar fascinada por ser tudo tão barato, cada libra que gastava era muito bem contabilizada porque ao fim de um mês sem ganhar nada, estava quase a zeros.

Nesse primeiro trabalho fiz duas amigas, a indiana e outra húngara, passamos a ir almoçar juntas diariamente à casa de paninis na esquina do escritório.

O trabalho era a coisa menos criativa que eu já tinha feito na vida, arrumar e arquivar pastas por ordem alfabética. Mas pelo menos saía de casa todos os dias e só isso era motivo de celebração.

Um mês depois, o projeto terminou e fui mandada para casa, se houvesse um novo trabalho telefonavam. E assim foram todos os meses que se seguiram: trabalhava três semanas, um mês se tivesse sorte e ficava duas, três semanas em casa.

Desempenhei funções de administrativa, fiz traduções de espanhol para inglês, criei e organizei bases de dados, fiz de tudo um pouco, mas nada na minha área. Enviava semanalmente currículos para jornais e empresas de comunicação em Oxford, mas nunca me foi dada uma oportunidade, cheguei a ir a duas entrevistas, mas diziam que não tinha UK Experience, ou seja, o que contava era a experiência na área de jornalismo no Reino Unido, as minhas famosas entrevistas e crónicas na imprensa polaca ali serviam de muito pouco e não pareciam encantar os ingleses.

empreender sem desculpas

No meio de tudo isto candidatei-me a uma Bolsa na Irlanda e consegui um estágio profissional como assessora de imprensa, em Dublin. Mais uma aventura. Foram quatro meses muito intensos, onde fiz amigos dos quatro cantos do mundo, conheci sítios fantásticos e voltei a validar que as viagens teriam que fazer parte da minha vida para sempre. Quando o estágio terminou regressei à Inglaterra. E voltei a aguardar que me chamassem para mais trabalhos.

Não tardou muito para 'ela' aparecer— aquela sensação de que me faltava algo.

Desde miúda sempre fui apelidada de "insatisfeita". Na escola experimentei todas as atividades que havia para experimentar. Fora da escola fiz de tudo um pouco, aprendi a tocar piano, fiz dança jazz, karaté, aprendi a tocar saxofone, fiz desportos radicais, passagens de modelos, andei num grupo coral, tive duas bandas, ... Na minha família todos diziam "A Ana está sempre a inventar uma coisa nova, nunca está satisfeita." E apesar de todas aquelas novas experiências lá estava aquela familiar sensação de vazio.

Em Oxford, o Artur tinha arranjado trabalho num hotel e quando fazia turnos noturnos, eu ficava sozinha em casa. Lembro-me que na altura assisti às dez temporadas da Série "Friends". Eu demorava cerca de uma hora de transporte público para chegar ao trabalho e outra hora para voltar. Quando saía já era de noite e como chovia na maior parte dos dias, preferia ir para casa. Sentia-me sozinha e com saudades de Portugal. Todos os dias falava com a minha mãe e com a minha irmã no Skype e naqueles bocadinhos sentia-me em casa.

No verão de 2008, vim de férias a Portugal, à minha cidade de Portimão e lembro-me de olhar para tudo como se fosse a primeira vez. O meu irmão nasceu em julho de 2008 e quando regressei à Inglaterra ele tinha três dias, foi difícil, quando aterrei no aeroporto de Londres ainda não tinha conseguido secar as lágrimas que derramei toda a viagem.

Dois meses depois acordei pela manhã e, ao dirigir-me ao computador em piloto automático para fazer tempo na Internet, como fazia grande parte dos dias, algo mudou em mim. Aquilo não podia continuar assim. O que estava eu ali a fazer? Que vida era aquela?

Mandei uma mensagem ao Artur, ele já estava a trabalhar desde as sete horas da manhã.

ANA CRISTINA ROSA

"Vamos viver para Portugal."

Resposta dele:

"Estás a falar a sério?"
"Nunca falei tão sério na minha Vida.
Liga-me na hora de almoço".

Quando ele me ligou, mais tarde, já eu tinha tido tempo de falar com a minha mãe e começado a ver apartamentos para alugar em Portugal.

— Are you really serious about this?! I don't speak Portuguese - disse-me o Artur ao telefone.

A grande preocupação dele era não falar português, só lá tinha estado duas vezes comigo de férias e o seu português resumia-se a "Bom Dia e Obrigada". Convenci-o de que a língua não seria um problema, para ser sincera, também me preocupava, mas queria tanto regressar que esses obstáculos pareciam insignificantes na altura.

Por volta das 16 horas recebo nova mensagem do Artur:

"Falei com a gerente e despedi-me.
Como tenho férias a gozar,
só trabalho até dia 25".

Ainda hoje me surpreendo ao pensar na rapidez com que ele assimilou tudo isto, normalmente sempre fui eu a 'doida' a tomar este tipo de decisões. Tremi por todos os lados.... Era real. Em meia dúzia de horas tinha mudado completamente o rumo das coisas... Mas, estranhamente — ou não — sentia-me Feliz!!!

Dia 27 de Setembro de 2008 deixei a Inglaterra para trás, cheia de sonhos e entusiasmada com uma nova fase, e com dinheiro no bolso para pagar apenas o primeiro aluguel e o caução do aluguel do apartamento, o resto "havia de se arranjar".

DECISÃO!!!

Entendi nesta fase o poder da decisão e como as escolhas que fazemos definem o rumo da nossa vida.

Se tivesse escolhido não arriscar e terminar a universidade em Portugal como seria a minha vida hoje? Se tivesse regressado da Polônia após aqueles primeiros seis meses, o que teria acontecido? Se não tivesse ido para Inglaterra, como teria sido? Se mais tarde não tivesse tido a coragem de regressar a Portugal com uma mão à frente e outra atrás, onde estaria hoje?

Acredito que na vida temos duas histórias, a que escolhemos viver e a que poderíamos ter vivido. Como poderia ser diferente a história que te conto agora se tivesse feito escolhas diferentes, talvez nem existisse este livro.

Poderoso o poder que temos nas nossas mãos de mudar o rumo da nossas vidas com base numa única decisão. Estas foram as minhas, certas, erradas? Não importa. O que descobri mais tarde foi que sempre que tomo decisões que me tiram da minha zona de conforto, abro novas possibilidades. Por outro lado, sempre que me acomodo, que me recuso a mudar quando não me sinto feliz, a vida encarrega-se de me fazer avançar.

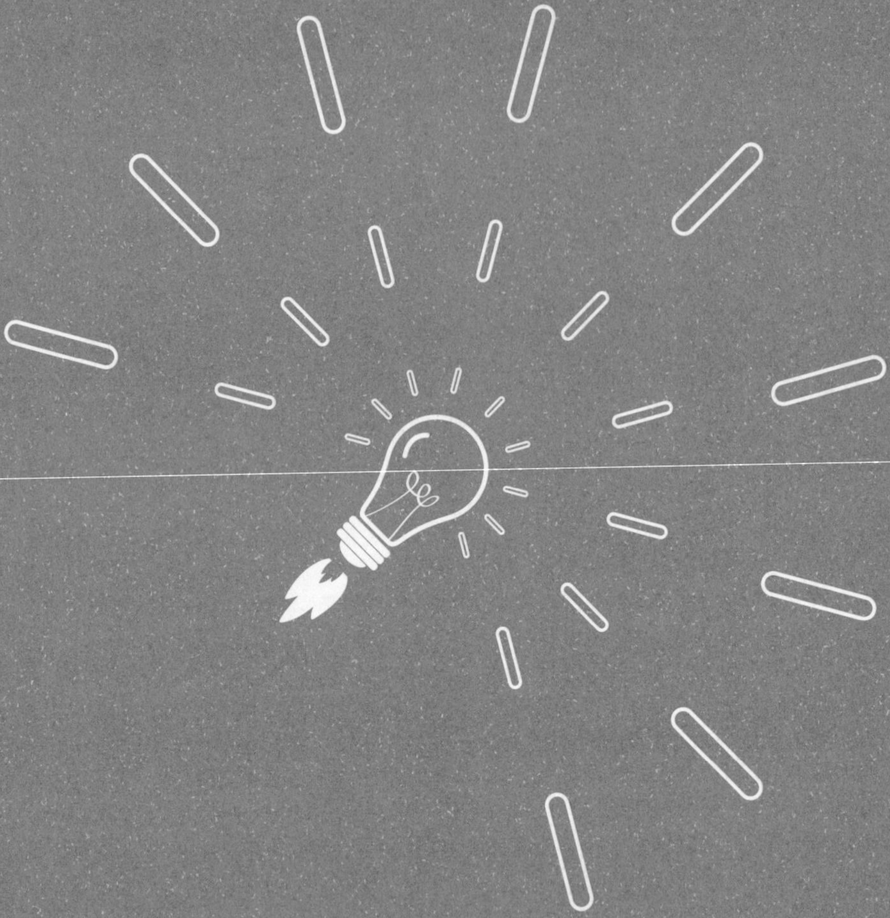

ANA CRISTINA ROSA

OUVINDO O MEU CORPO A GRITAR POR MUDANÇA

Os primeiros tempos, após o regresso a Portugal, foram desafiantes.

Muito mais do que eu tinha pensado.

Passados alguns meses, depois de inúmeras entrevistas de emprego, comecei a trabalhar num jornal regional. Finalmente, um emprego na minha área.

E a vida a sério começou.

A minha mãe suspirou de alívio.

Eu, pelo contrário, comecei a respirar cada vez com mais aflição.

Literalmente.

A primeira vez estava no meio de uma reportagem, uma sensação de falta de ar, coração disparado, zonza. Que estranho! Alguma quebra de tensão, pensei. Porém, não liguei muito. Passado cerca de um mês, novamente, e a partir daí cada vez com mais intensidade. Nunca partilhei nada com ninguém no local de trabalho, tinha receio que o meu trabalho pudesse ser posto em causa.

Primeira entrada nas urgências, em completo desespero, pensei que estava a ter um ataque cardíaco. Diagnóstico: crise de ansiedade.

Crise de quê?! Devem estar a brincar comigo, então eu chego aqui praticamente a morrer e falam em ansiedade. Ansiedade do quê? Em relação ao quê? Está tudo ótimo na minha vida.

Já que os médicos não me pareciam querer ajudar, iniciei uma busca pela minha doença desconhecida. Fiz todos os exames e mais alguns, testes a tudo.

Resultado: nada.

O que por um lado era aliviante, era por outro lado motivo de angústia.

Aquela incerteza de não saber o que se passava comigo.

empreender sem desculpas

Segunda entrada nas urgências, desta vez, quase a desfalecer, a perder os sentidos.

Diagnóstico: crise de ansiedade.

A minha mãe estava comigo, queria ajudar-me, mas eu não permitia.

Pareciam todos loucos!!! Será que não viam que aqueles sintomas todos não podiam ser fruto da minha mente. Mal sabia eu na altura o poder desta máquina que carregamos em cima do pescoço.

Não quis procurar ajuda. Continuei a minha vida fingindo que nada se passava. Escondia de todos. Muitas vezes, estava em frente ao computador no escritório e começava a sentir-me mal, tonturas, suores, coração acelerado, dizia que ia ao café, comprava uma água e lá me ia acalmando.

Mas o que mais me perturbava era aquela palavra: Ansiedade.

Porquê? Do quê? Estava tudo bem! "Isso eram coisas para pessoas fracas, infelizes, não para mim", dizia a mim mesma.

Tinha vergonha do que pudessem pensar. À noite, às vezes, acordava com falta de ar e acalmava-me sozinha, com a ajuda de um diário que, na altura, era onde desabafava o que sentia diariamente. Hoje passados todos estes anos ainda é desconfortável ler tudo o que escrevi naquela altura, não me reconheço. Vejo medo em cada uma das palavras que escrevia, falta de esperança, desmotivação. Quem era aquela Ana?

Não admira que a minha família estivesse muito preocupada. Deixei de ser a Ana 'macaquinha' sempre a dizer piadas e bem-disposta, que todos sempre conheceram. Estava sempre stressada, fervia em pouca água, e como tinha de esconder tudo o que estava a sentir no trabalho, descarregava em casa naqueles que mais amava. Eu própria sentia-me uma verdadeira 'bomba-relógio' pronta a explodir a qualquer momento.

Os médicos recomendaram-me tomar medicação para me sentir mais tranquila. Mas eu recusei sempre tomar qualquer tipo de medicação. Atenção que não sou contra medicação e hoje sei que em muitos casos ajuda numa fase mais aguda do problema. Mas sempre tive uma espécie de fobia a medicamentos e só essa hipótese me deixava ainda mais ansiosa. Nunca foi opção.

Apesar de todo este cenário negro, mal sabia eu que tudo aquilo era o início da fase que iria mudar todo o rumo da minha vida.

E que mudança!

Estava sozinha em casa, sentei-me ao computador e decidi pesquisar a palavra que andava a evitar.

A N S I E D A D E !!!!

Muitos, muitos testemunhos de pessoas a relatarem sintomas muito semelhantes aos meus. Palpitações constantes, tremor, sensação de falta de ar, sensação de desmaio iminente...

Não conseguia parar de ler. Pela primeira vez passado quase um ano de sofrimento senti que não estava sozinha. Comecei naquela noite a substituir o processo de negação pelo "tenho que fazer alguma coisa". Um médico num fórum dizia que era um problema crónico, que iria acompanhar a pessoa para o resto da vida, podendo manifestar-se com diferentes níveis de intensidade. Aquela afirmação irritou-me. Sempre detestei rótulos, ninguém sabia nada sobre mim e a minha mente.

A verdade é que eu própria sabia muito pouco sobre a minha mente. Certa vez, fui dar a um site onde falavam sobre uma terapia chamada Reiki. Apesar de parecer algo estranho, despertou-me o interesse. Sempre fui muito prática e lógica, mas a parte mais espiritual da vida sempre foi alvo da minha curiosidade. Nunca tinha ousado explorar mais. Entretanto, quando dei por mim estava a enviar um email ao Mestre, como se apresentava na página, a contar a minha história. Recebi um email pouco depois. Convidou-me a participar numa sessão em grupo que iria acontecer no dia seguinte. Ficava a cerca de 40 quilómetros de onde vivia.

Não disse nada a ninguém, e no dia seguinte fiz-me à estrada.

Ao lá chegar, achei tudo um pouco estranho, o colocarem as mãos em cima uns dos outros, o ficarem de olhos fechados em silêncio, o cheiro forte a incenso. No entanto, ninguém me perguntou nada, só partilhei o que quis. Apesar da estranheza decidi voltar, e na semana seguinte voltei e assim o fiz durante alguns meses.

Durante cerca de um ano, dediquei-me a acender esta centelha que já tinha dentro de mim. Passei a ir a encontros de meditação, comecei a praticar yoga, fiz uma série de cursos nas mais variadas terapias. Nada me chegava, queria mais e mais. Mas a verdade é que me fui sentindo mais calma. As crises de ansiedade foram-se tornando cada vez mais espaçadas e havia dias em que nem sentia sintomas nenhuns. No entanto, esta 'viagem' em que fui obrigada a olhar para dentro começou a deitar para fora uma série de fantasmas que tinha andado a esconder.

Quem é que eu queria enganar?

Eu não estava feliz com a minha profissão. Aquilo estava longe de ser a concretização do meu sonho de criança. Onde estava a Ana que ia mudar o mundo?

Logo, porém, atrás vinha uma voz ainda mais gritante que dizia: Sua ingrata!!!

Tinha tudo o que podia sonhar. Quantos colegas nem sequer tinham arranjado trabalho nas suas áreas. Eu era uma sortuda. Pois, se calhar, a vida é mesmo isto. Olhava para as pessoas à minha volta, todas se queixavam, mas viam isso como algo normal, como fazendo parte da rotina. Queixar porque trabalhou muito, queixar porque o patrão mudou a folga, queixar porque o dinheiro é pouco. Todos se queixavam, mas não questionavam.

A vida tem formas sinuosas de nos mostrar o caminho, quando não decidimos mudar por iniciativa própria, aparecem situações desafiantes que nos 'obrigam' a fazer essa mudança. Muitas vezes, como foi o meu caso, eu não compreendia os caminhos que a vida me mandava seguir; que muitas vezes, não é o que se quer, mas o que se precisa, o que vai fazer com que cresçamos. A vida tem, hoje percebo, uma maneira muito peculiar de apontar o caminho certo, de tentar colocar-nos no rumo 'necessário', mas isso não significa que o caminho esteja errado. E quanto mais tempo ignoramos estes 'sinais' mais fortes eles se tornam. Eu estava a viver o meu primeiro grande Wake up Call. Uma espécie de chamada para acordar do estado anestesiado em que estava a viver.

Passei a viver com duas vozes dentro de mim. Duas vozes que lutavam para se fazerem ouvir. Uma dizia-me que algo tinha de mudar, que eu tinha muito mais para dar ao mundo. A outra que eu era uma ingrata, e que tinha de agradecer pela vida que tinha. Qual delas seria a certa? A qual deveria dar ouvidos? De vez em quando ousava partilhar com os mais próximos o que sentia. "A Ana não vive neste mundo" diziam. "Sempre foi uma sonhadora". "Não vê que a vida é assim." "Tem de aprender a aceitar".

Quanto mais ouvia estas coisas, mais certezas tinha que havia algo errado na vida que me apresentaram ou então algo de muito errado comigo. Sentia-me uma peça fora do quebra-cabeças. Seria a única a sentir-me assim?

N Ã O !

Descobri mais tarde que não era a única a sentir-me assim, e acredito que se estás aqui comigo a ler estas páginas também já possas ter passado ou estás a passar por algo semelhante. Então deixa-me avisar-te: Não há nada de errado contigo! Não há nada de errado em querermos uma vida diferente. A vida é única e com tempo limitado, cabe-nos a nós fazer com que cada dia valha a pena, cabe-me a mim, a ti escreveres a melhor história possível da tua vida.

Vais ter medo? Claro que sim! Dúvidas? Muitas.

Certezas? Nem sempre.

Mas uma coisa eu te garanto, ao pegares na caneta e seres tu o autor da tua própria história não vais ter um capítulo gigante sobre arrependimento onde te lamurias sobre tudo o que poderias ter feito e não fizeste, sobre tudo o que poderias ter sido e não foste. Haverá em vez disso um capítulo gigante da tua história, dedicado aos desafios que enfrentaste e as aprendizagens que fizeste em cada um deles.

Será a história de um herói e não a história do cobarde que teve medo 'de levantar o rabo da cadeira' e fazer acontecer. Nunca te esqueças disto.

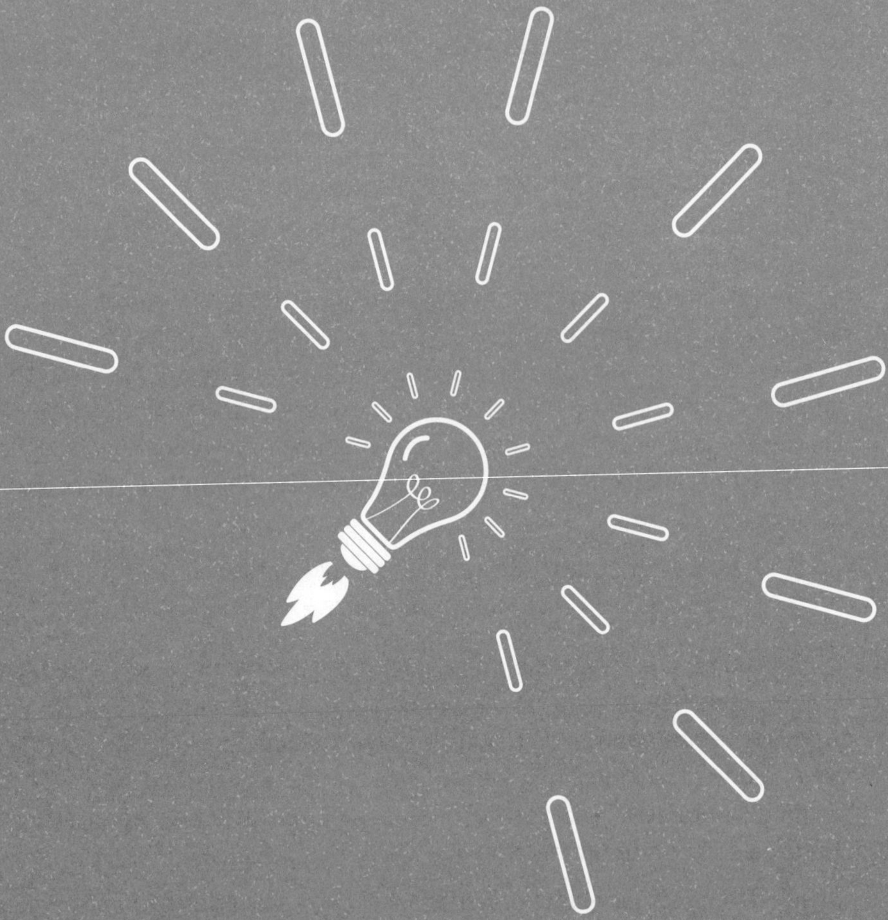

ANA CRISTINA ROSA

EM BUSCA
DO CAMINHO

No dia dos meus 25 anos sai mais cedo do trabalho. Não me podia queixar. Tinha uma equipe de colegas fantástica, um ambiente tranquilo, não tinha de estar fechada num escritório todos os dias, tinha a oportunidade de falar com vários tipos de pessoas.

Uma das minhas amigas disse-me:

— Feliz quarto de século, já só te faltam 40 anos para a reforma.

Eu ri-me com a piada, mas dentro de mim começaram os questionamentos. Eu e as minhas amigas sempre falamos muito sobre a parte profissional, os nossos sonhos, aspirações, mas parecia ser normal contar os dias para as férias, ansiar pelo fim de semana e até brincar com o fato de que na reforma é que iriamos aproveitar a vida. Sempre fui um pouco fora da caixa, e estas ideias cada vez me faziam menos sentido. Afinal eu sempre tinha sido a miúda que não "queria patrões, nem horários fixos".

Que estava eu a fazer? Que vida era aquela? Anos depois, parece incrível, aqui estou eu a escrever este livro.

Considerada uma especialista. Quem diria?!

Uma das perguntas, então, que mais me fazem quando sabem que trabalho com empreendedorismo é:

— Todos nascemos empreendedores?

Não.

— Todos podemos tornar-nos empreendedores?

Eu acredito que sim.

Desde que exista algo muito importante: a vontade verdadeira de aprender a sê-lo.

— Como começo? — perguntam-me.

— Pelo fim — respondo.

— E qual o fim?

O fim é o destino. É aonde queres chegar, onde vais atracar o barco no final da viagem. Um velejador, quando inicia uma viagem sabe para onde se dirige — a não ser que queira apenas desfrutar da viagem e seguir sem destino. Nada de errado nisso para uma viagem de lazer. Não para um negócio. Se queres alcançar resultados tens de saber para onde queres ir. O rumo vai ser ajustado, muita coisa pode mudar, mas na tua mente tens de saber para onde te diriges — se não o fizeres continuarás a correr no mesmo lugar, como hamster na rodinha. A este destino eu chamo o propósito. Porque acredito que, se não criares um negócio alinhado com o teu propósito, mais cedo ou mais tarde vais encontrar-te numa encruzilhada.

E agora deves estar a pensar: o que é o Propósito? Como saber qual o meu? Será que tenho um?

Só essa resposta dava tema para um livro. Quando comecei a escrever este livro pensei em escrever sobre propósito. Dediquei grande parte da minha carreira a explorar este tema, tenho vários programas sobre isto, a escolha parecia-me óbvia. Mas à medida que comecei a escrever senti vontade de fazer algo diferente. Este não seria mais um livro — já existem excelentes obras sobre este tema — sobre propósito; seria um livro que, quando o terminasses, te ajudaria a tomar uma decisão: **Estás disposto a tornar-te um Empreendedor à séria com todos os desafios e conquistas que isso traz?**

Ao longo de todos estes anos a trabalhar com pessoas que querem começar negócios próprios apercebi-me que a maioria passa por desafios semelhantes, no entanto todas se sentem sozinhas.

E é isso que te quero mostrar, que os teus desafios são os mesmos desafios de milhares, milhões de empreendedores que todos os dias agem na direção dos seus sonhos. Não vou estar com meias verdades, nem a pintar de cor-de-rosa o empreendedorismo. Vou partilhar contigo a minha história, o que aprendi. Até podes já ter um negócio próprio, mas ser empreendedor, na minha ótica, é muito mais do que ter um negócio.

Mas, antes de continuarmos, deixa-me apresentar-te a minha definição de Empreendedor, que é alguém que tem a iniciativa de começar novas coisas, com todos os desafios que isso acarreta. É visionário, criativo, apaixonado, persistente, assume riscos e ousa fazer diferente. Já conheci donos de negócios que não eram verdadeiros empreendedores, tal como já conheci empregados por conta de outrem com visão e perfil de empreendedor.

Independentemente da fase do Empreendedorismo em que te encontras, estas páginas são para ti se sentes que queres fazer diferente e que a vida tem muito mais para ti do que aquilo que te apresentaram.

Gosto de começar pelo fim.

Como imaginas o final da tua vida?

Quando chegares ao final da linha — algo que nos está reservado a todos — o que esperas ter concretizado? Qual é o teu Propósito de Vida?

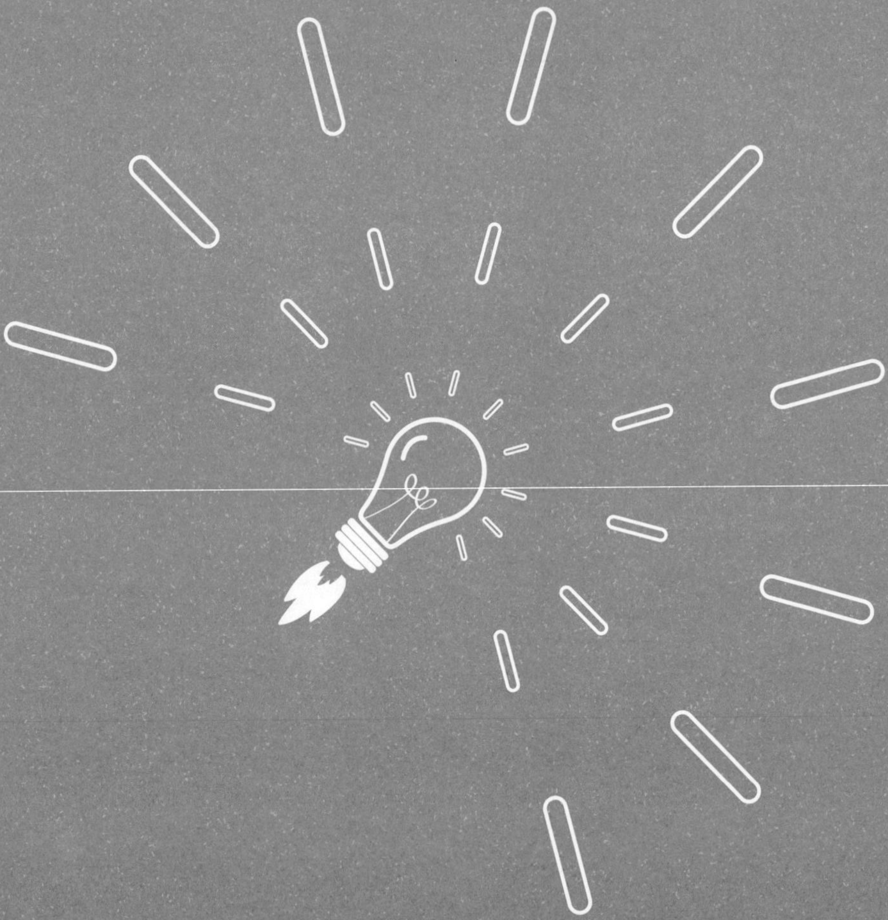

DEFININDO PROPÓSITO

Propósito. Qual é o teu Propósito?

Lá estou eu, outra vez.

Aliás, durante algum tempo, andei às 'turras' com esta palavra.

A palavra PROPÓSITO sempre teve um grande significado para mim, mas apercebi-me que é um termo abstrato para muita gente. Nas primeiras edições dos meus cursos online usava esta palavra nos nomes dos cursos. Tive dois programas o "Descobre o teu Propósito" e o "Empreende com Propósito" que alterei depois para "Descobre" e "Empreende", quando me apercebi que muitas pessoas achavam que esta palavra estava relacionada com algo religioso. E não era de todo essa a minha intenção.

Vou partilhar contigo a minha definição de Propósito.

Certamente existirão outras, mas esta é a que uso e a que mais me faz sentido.

Quando comecei a trabalhar este tema nos meus cursos apresentei uma espécie de 'fórmula' para simplificar a coisa.

P + T + M = Negócio com Propósito

Paixões + Talentos + Mundo = Negócio com Propósito Trocando por miúdos.

Na minha visão todos temos paixões que quando combinadas com os nossos talentos e partilhados com o mundo podem ser transformados num negócio com propósito.

Pensa comigo!

Se é para empreender, se é para criares um negócio, que seja em algo que te faça vibrar. Se não, estás a tapar o sol com a peneira e trocar um emprego que te asfixia por um negócio que te aprisiona não é a ideia mais brilhante de sempre.

Tenho conhecido de perto a história de muitos empreendedores e posso afirmar com toda a legitimidade que aqueles que são apaixonados pelos seus projetos, são muito mais felizes e têm muito mais resultados.

empreender **sem desculpas**

Agora, é importante trabalharmos algumas ideias mal concebidas em relação àquilo que gostamos.

Mais uma vez os ditados populares e as coisas que ouvimos ao longo da vida têm uma força enorme na nossa mente e quando pensamos que existe uma possibilidade de poder criar um negócio em algo que nos apaixona, ser feliz e ter sucesso com isso surge logo uma vozinha auto castradora que diz: "Eu não tenho jeito para nada. Talentos?! Só se for para cantar no chuveiro."

"Ganhar dinheiro a fazer aquilo que gosto? Pois, sim, nem com o euro milhões".

E a verdade é que esta vozinha castradora entra sorrateira e instala--se na tua mente e quando começas a ler um livro como este e a tua parte sonhadora começa a 'arregalar os olhos' e a imaginar como seria uma vida onde pudesses ter muito sucesso, partilhando os teus talentos e paixões com o mundo e ganhando dinheiro com isso, a vozinha castradora entra de imediato em ação e bombardeia-te com todas as razões e mais algumas pelas quais isso pode não funcionar.

Se neste momento te apanhares a revirar os olhos e a pensar: "Sim, sim, tudo muito bonito, mas não é bem assim" estás a cair na ratoeira da vozinha castradora.

CHEGA! MANDA-A CALAR!

Afasta-a por um momento e permite-te sonhar.

Como será uma vida onde podes levantar-te todos os dias pela manhã, com um sorriso no rosto, feliz por poderes dedicar o teu tempo a algo que te apaixona?

Como será sentires a cada dia da tua vida que não estás a subtrair dias ao tempo que te resta, mas sim a acrescentar páginas à tua história, uma história cheia de propósito e vontade de viver?

Como será sentires que a tua vida não é em vão e que impactas a vida dos outros?

Como será poderes proporcionar uma vida de conforto e liberdade a todos aqueles que mais amas?

Então, admite para comigo, valerá ou não a pena mandar calar as vozinhas castradoras que a tua mente teima em fazer-te ouvir?

Sei do que falo, porque conheço na primeira pessoa essa luta e prometo que te vou ajudar a calar algumas dessas vozinhas.

Mas o trabalho final tem de ser teu. Vais desistir já ou continuamos?

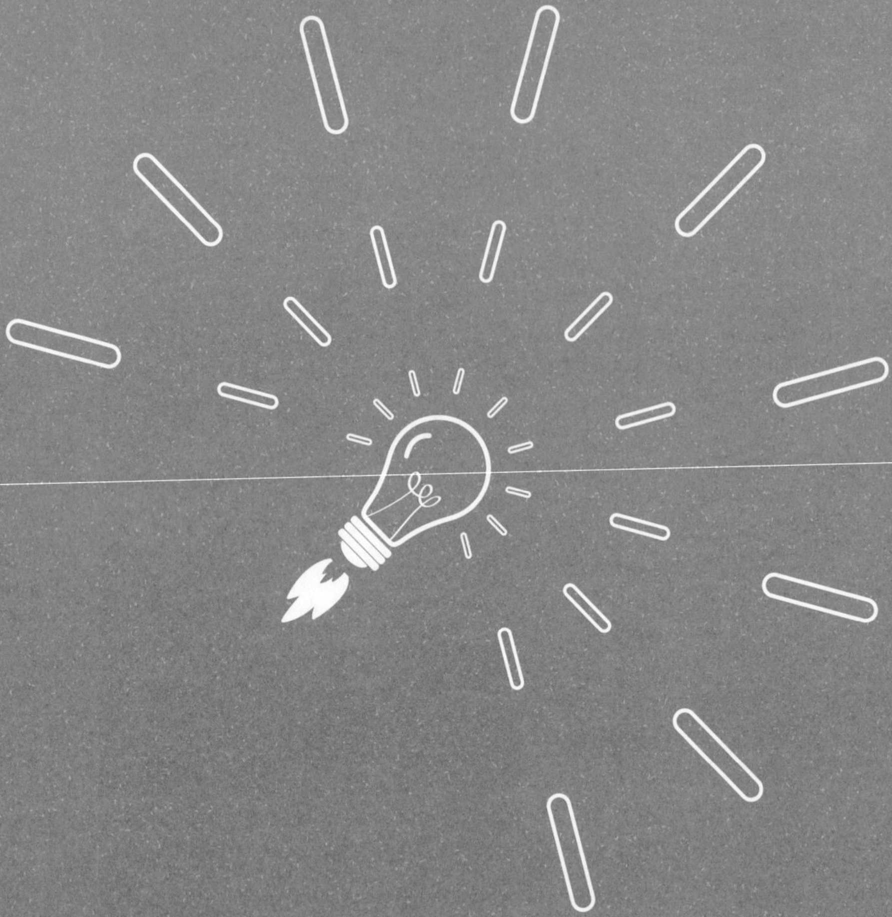

ANA CRISTINA ROSA

ENCONTRANDO O MEU PORQUÊ

Já tinha percebido que o caminho não passava pelo jornalismo.

Mas por onde passaria então?

Continuava a participar em workshops de terapias holísticas, meditação, yoga. A área mais espiritual da vida sempre tinha despertado a minha curiosidade e comecei a buscar cada vez mais informação sobre isso. No entanto, estava convicta de que havia de encontrar algo dentro da área do jornalismo, afinal era para isso que tinha estudado. Como juntar as duas?

Podia dedicar-me a reportagens mais espirituais, podia ajudar pessoas a escrever criando um género de escrita terapêutica... As ideias não paravam.

No meio desta tempestade de ideias, pensei que uma das coisas que mais me tinha ajudado desde sempre tinha sido manter um diário. Tenho um diário desde os sete anos e acho sinceramente que as conversas com o meu fiel amigo me impediram de enlouquecer uma série de vezes.

Numa noite, sozinha em casa, sentei-me em frente ao computador, abri o browser no Google e escrevi algo com as palavras *spiritual journaling*. Era algo que já tinha ouvido falar ainda enquanto vivia em Inglaterra.

Encontrei alguns artigos e fui dar ao website de uma autora, cliquei na página "Sobre" e vi o currículo dela, dizia que era Coach... Coach?! Eu conhecia o termo, mas muito sinceramente até pensava que era algo muito ligado ao mundo da carreira profissional, negócios. Tinha regressado a Portugal há relativamente pouco tempo e ainda não conhecia nada dentro da área no nosso país, muito menos no Algarve.

Abri uma nova página no Google, escrevi Coaching e comecei a pesquisar.

Perdi a noção das horas. Não conseguia parar de ler, parei para ir buscar um chá à cozinha e vi que já passava da meia noite, o Artur ainda não tinha chegado do trabalho, estava a fazer turno da noite no Hotel, mandei-lhe mensagem a perguntar se estava tudo bem.

Quanto mais lia mais interessante me parecia.

empreender sem desculpas

Um pequeno bip no celular, era o Artur a dizer que estava a chegar.

— Não vais acreditar no que descobri. Chama-se Coaching, e é a minha cara, acho que é mesmo isto — as palavras saiam da minha boca a uma velocidade alucinante, assim que ele entrou em casa.

Acho que ele não percebeu metade, tendo em conta o avançado da hora e o cansaço que tinha, mas disse-me:

— Há muito tempo que não te vejo tão entusiasmada.

Eu sorri. Era verdade, naquela noite algo acendeu dentro de mim, e eu senti verdadeiramente que algo de muito bom estava prestes a acontecer.

A partir desse dia passei a 'devorar' livros sobre o tema e a passar horas a assistir a vídeos no Youtube.

"Um processo que te ajuda a trazer ao de cima o teu potencial." "Ganhas clareza em relação aos teus objetivos". Embora não percebesse concretamente o que isso significava, parecia-me algo muito interessante e tinha uma vontade cada vez maior de descobrir mais.

Passados alguns meses descobri que iria decorrer uma certificação em Coaching na cidade onde eu vivia. Eu queria tanto fazer aquilo. Só ainda não fazia ideia onde tudo aquilo me iria levar, mas uma coisa era certa, precisava de uma ajuda e "aquela sessão de Coaching" parecia-me um belo 'empurrão'. Sentia-me tão entusiasmada.

Mas assim que vi o preço do curso desanimei...

Ia haver uma nova formação daí a um mês, era pouco tempo para conseguir juntar esse dinheiro. O investimento era superior ao que ganhava por mês, e tinha cada cêntimo contado. Na altura o que ganhava mal dava para as despesas.

Mas, à medida que os dias iam passando, a ideia não me saia da cabeça. Na altura para ajudar a todo este tumulto que se passava dentro de mim, o Artur teve um segundo acidente de carro. Meses antes tinha tido um acidente no regresso do trabalho e o carro que tínhamos comprado a crédito quando chegamos a Portugal acabou na sucata.

Tínhamos investido todo o nosso dinheiro num segundo carro, poucos meses antes, um Renault Clio branco de dois lugares, em segunda mão, com a propriedade e o seguro no meu nome.

Dois dias depois do acidente, recebo o telefonema da oficina.

— O carro tem arranjo, disse o mecânico do outro lado do telefone.

Menos mal, pensei eu, o outro tinha acabado na sucata.

— São 3000 euros, fazendo apenas o essencial.

Congelei.

Na altura para poupar, não tinha feito seguro contra todos os riscos. Não tinha esse dinheiro e também não queria pedir a ninguém. Senti-me encurralada. Agora, que parecia que as coisas começavam a voltar aos eixos, mais uma pancada. Porém, lá estava a vida novamente de uma forma sinuosa a ajudar a trilhar o meu caminho.

Decidi ir ao Banco e pedir um crédito. Quando o Senhor do Banco perguntou qual o valor que queria pedir, num impulso pedi mais 1000 euros extra. Era o que precisava para o curso de Coaching. Não foi uma decisão premeditada, não sei o que me deu no momento, apenas abri a boca e pedi.

Não contei nada a ninguém. Saí do banco a tremer.

No que me ia meter? Se contasse a alguém, chamavam-me irresponsável. Mas alguma coisa dentro de mim me dizia que algo grande estava prestes a acontecer. A minha família não fazia ideia dos preços das formações.

Disse apenas que ia fazer mais um curso.

E assim foi. Bebi com todo o entusiasmo cada minuto da formação e quando terminei decidi que tinha de colocar em prática tudo o que havia aprendido. Assumi o compromisso de recuperar o mais depressa possível o valor para repor o crédito que tinha pedido.

E começou assim um novo capítulo na minha Vida. O capítulo em que me tornei empreendedora.

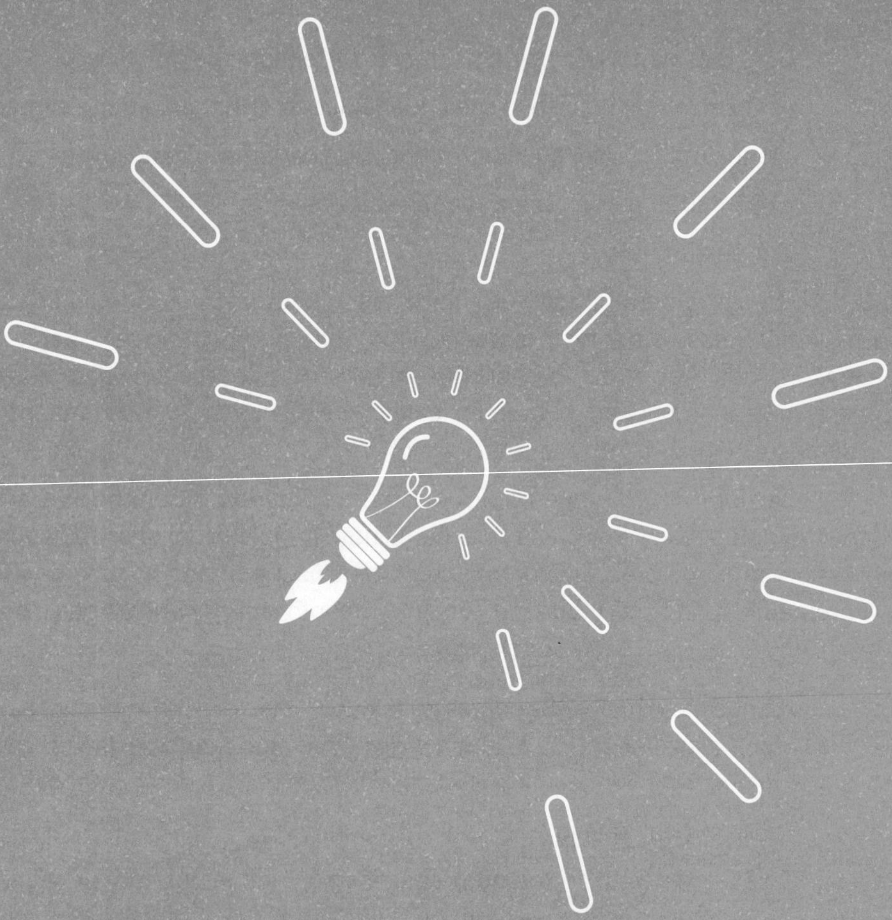

ANA CRISTINA ROSA

VERGONHA E ORGULHO

Durante muito tempo não partilhei esta história com ninguém, tinha vergonha. Mas hoje olho para essa fase da minha vida com muito orgulho.

A verdade é que teria sido tão mais fácil continuar a fazer o que fazia, teria sido tão mais fácil continuar a reclamar da vida e o quanto me sentia infeliz.

Às vezes quando partilho com alguém esta fase da minha vida dizem que fui muito corajosa, e eu penso que mais do que coragem foi desespero, o medo de continuar a sentir-me completamente perdida foi maior do que o medo de sair da minha zona de conforto.

Há uma frase que adoro que diz: "As dores do arrependimento são maiores do que as dores do crescimento". E ressoou tanto em mim que a tornei como um mantra diário, e repito-a sempre que a minha mente procrastina em fazer algo que sei que me vai levar para outros patamares.

Gosto de chamar este capítulo da minha vida "o reencontro com o meu propósito".

O Coaching e todas as formações que tirei na altura vieram 'apenas' tornar claro o que tinha dentro de mim. Um talento, uma paixão para inspirar outros.

Uma vez uma das minhas empreendedoras disse-me: "Ana sinto como se durante este tempo todo estivesse um elefante à minha frente a tapar-me a visão e agora é como se ele se tivesse desviado e eu conseguisse ver tudo com tanta clareza."

É normal esta sensação relativamente ao nosso propósito, àquilo que queremos fazer. De início parece algo tão nublado e à medida que nos vamos permitindo aceder a nós mesmos tudo se vai tornando mais claro.

Para mim este reencontro com o meu propósito foi o início de uma intensa viagem que me conduziu até este momento em que partilho tudo isto contigo. Talvez estejas num momento de encruzilhada e não fazes ideia por onde começar. Ou então já começaste, mas o negócio que criaste não está te dando os resultados que desejas. Independentemente do ponto onde te encontras o alinhamento com este teu propósito é a chave.

Já perdi a conta ao número de vezes em que falo com empresários que me confidenciam ter começado um negócio numa área aparentemente rentável, sem terem colocado a questão-chave: PORQUÊ?

Não é o quê? Ou quanto? É POR QUÊ. POR QUE que eu vou fazer isto?

Por que é que vais trabalhar o dobro das horas que trabalhas agora?

Por que é que vai haver meses onde vais gastar mais do que ganhar?

Por que é que vais 'roubar' tempo à tua família, aos teus hobbies, aos teus amigos?

Por quê?

Esta razão deve ser muito forte, porque nos momentos em que bater a desmotivação é nesse porquê que te vais focar.

Apesar de ter descoberto a minha direção, este porquê só foi ficando mais claro com o passar dos anos. Lembro-me de um momento-chave, tinha o meu negócio há exatamente um ano. As coisas estavam longe de ter os resultados que eu desejava, havia meses em que ainda tinha mais despesas do que ganhos. Recebi um telefonema, uma proposta aliciante na área do jornalismo, uma proposta que certamente uns anos antes me tivesse deixado nas nuvens.

Partilhei com a minha família e amigos:

— Ana, isso é fantástico, eles têm uma enorme reputação, vai ser excelente para a tua carreira.

Carreira?! Qual carreira?

Não vou mentir, a proposta mexeu comigo, era tudo aquilo que eu tinha imaginado uns anos antes, mas naquele momento era tão fora do que eu queria fazer.

Deram-me até ao dia seguinte para pensar.

Lembro-me que não demorei muito tempo a decidir. Liguei de volta. Agradeci educadamente o convite e disse que não podia aceitar. Desliguei o telefone e chorei, chorei mesmo. Chorei não sei bem porquê. Foi um misto de emoção, alívio, libertação.

Aquele foi o momento em que percebi que estava cem por cento comprometida com o meu negócio e só tinha duas hipóteses: ou funcionava ou funcionava. Não, não me enganei a escrever. Falhar não era mesmo uma opção depois de tudo o que tinha arriscado.

Agora, por que tive eu a coragem de fazer isto?

Porque estava alinhada com o meu propósito, não o fazer era para mim uma traição a mim mesma, aos meus sonhos.

E esta é a grande diferença entre um Empreendedor com Propósito e um Empreendedor 'negócio rentável'.

Se eu tivesse apenas a dar os primeiros passos em qualquer negócio, certamente teria aceitado aquela proposta, porque a minha única motivação era faturar mais. E atenção que eu sou uma defensora de ganharmos muito, muito dinheiro com aquilo que nos apaixona, mas se esta for a única motivação, à mínima tentação podemos deitar tudo por água abaixo.

Por isso, pergunto-te:

QUERES CRIAR UM NEGÓCIO? JÁ TENS UM NEGÓCIO?

Responde com sinceridade. Qual a tua relação com o teu negócio ou ideia de negócio? És do tipo "vou apostar nisto porque é capaz de dar dinheiro, embora não me apaixone", ou mais do tipo "sou apaixonado por isto, e é isto que quero fazer todos os dias".

Já percebeste que não gosto de meias-verdades por isso vou direta ao ponto. Se estiveres a criar um negócio apenas porque te parece uma ideia rentável, vais ter um teto de crescimento, e esse teto vai surgir no momento em que não suportares mais o teu próprio negócio, vais arrastar-te um dia atrás do outro cansado, exausto da ratoeira que criaste para ti próprio. A criatividade terá dificuldade em surgir e serás facilmente ultrapassado por outros empreendedores cheios de paixão e entusiasmo. Como sei eu isto? Porque ao longo dos anos sentei-me frente a frente com muitos destes empreendedores, feitos num trapo, cansados de correrem atrás do dinheiro num projeto que não lhes faz brilhar os olhos.

Por outro lado, se decidires apostar numa área que te faz vibrar, que te apaixone, mesmo nos dias mais desgastantes, e não te iludas, porque esses dias vão existir, vais buscar a força e energia que precisas ao teu porquê, à tua paixão e mesmo no meio do lufa-lufa empreendedor vais sentir que não poderias estar a fazer mais nada, porque é ali que tens que estar, é ali que nasceste para estar.

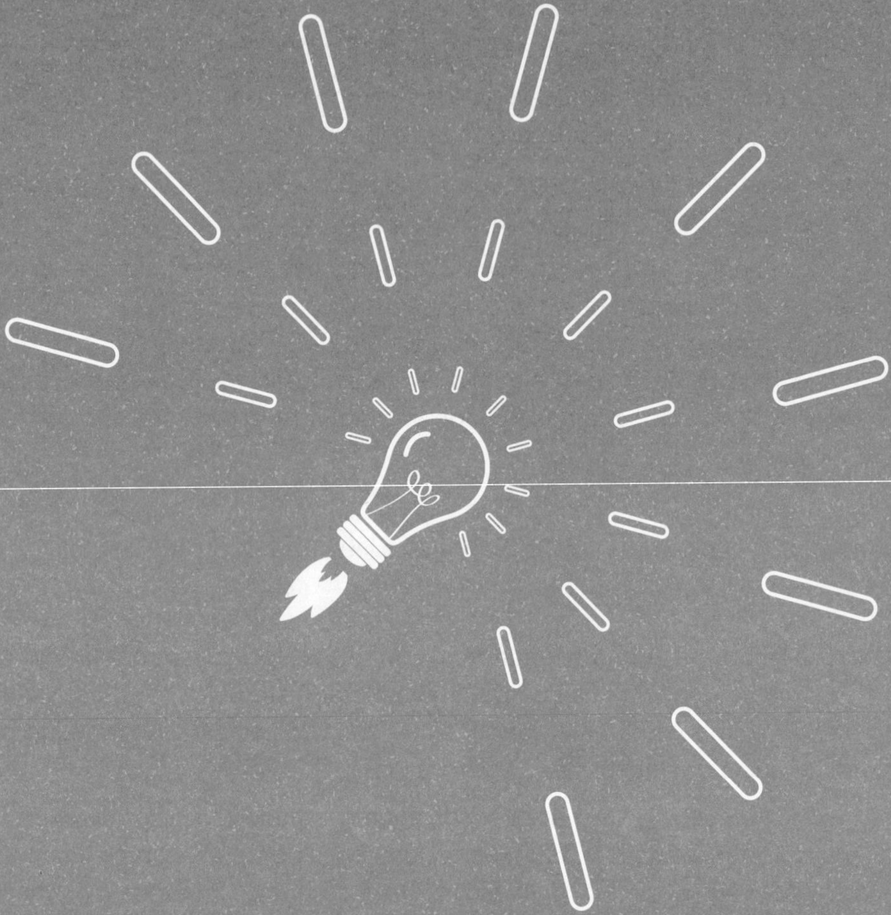

ANA CRISTINA ROSA

DESCOBRINDO O PROPÓSITO

"Nunca tinha olhado para isto como um possível negócio."

É uma frase que ouço frequentemente quando trabalho com empreendedores este processo de identificação de paixões.

Já me disseram que romantizo a ideia de transformar talentos e paixões em negócios, mas para mim é uma fórmula.

Sempre observei a história dos grandes empreendedores. Leio biografias, entrevistas e é muito interessante ver que existe uma base comum à maioria. Quando lhes perguntam qual é um dos grandes ingredientes para o sucesso, respondem: A paixão. Afirmam que a paixão pelas suas ideias, pelos seus projetos, não lhes fez desistir.

Ser empreendedor não é fácil. Existem muitos desafios e a paixão é o motor que nos faz continuar. Nós, empreendedores, vivemos numa constante montanha-russa de emoções. Há dias em que acordo a pensar que vou conquistar o mundo e à hora de almoço já estou a pensar no porquê de me ter metido nisto. Então a paixão tem de estar lá por trás.

No entanto, a maior parte das vezes em que as pessoas ouvem falar disto, e se calhar a ideia não é muitas vezes passada de uma forma clara, pensam que paixão é só para quem tem grandes talentos. Na verdade, todos nós temos paixões e talentos, todos, sem exceção!

Como já referi anteriormente, para mim a fórmula para criar um negócio com propósito é descobrir os nossos talentos, casá-los com as nossas paixões e depois descobrir uma forma de partilhar esses talentos e paixões com o mundo. Mas, quando digo isto, muita gente me diz que não tem qualquer talento e que não nasceu com nada de especial. Porém, quando estamos a falar de talentos podemos estar a falar de coisas tão simples como ter talento para comunicar, para ouvir os outros, gostar de ajudar, tudo isso são talentos e nós nem sempre os reconhecemos como tal.

Então, um dos exercícios que costumo propor é pedir a pessoas que nos são próximas para identificarem dois ou três talentos ou qualidades que admirem em nós. Isto porque nós muitas vezes vemos isso como óbvio.

empreender sem desculpas

Eu lembro-me que quando comecei esta busca, perguntei às pessoas à minha volta que talentos viam em mim, e toda a gente me dizia que admirava o meu jeito de me comunicar, a minha facilidade em encontrar soluções, a minha criatividade. Mas eu não sabia como transformar isso num negócio. Como já era parte de mim não via como poderia ser aproveitado. É uma dificuldade que nós temos, pois vemos isso como óbvio. Começa por exemplo pela tua infância e no que mais gostavas de fazer naquela fase da tua vida.

Um dia, uma das participantes do meu Programa Descobre, fez uma partilha que nunca mais esqueci. Ela trabalhava como administrativa e não se sentia feliz com o que fazia. E logo na primeira semana do programa havia um exercício no qual tinha de escrever quais eram as suas paixões de criança e qual tinha sido a prenda que mais a tinha marcado. Quando começou a escrever as respostas havia sempre um denominador comum, a cozinha e doçaria. Em criança adorava passar tempo na cozinha com a avó e a mãe, e a prenda que mais lhe tinha marcado fora um avental. No decorrer do programa quando começamos a juntar as paixões com os talentos, ela descobriu que tinha uma paixão e um talento imenso, que ela nem reconhecia como tal, para a doçaria. Atualmente tem um negócio onde vende doces saudáveis.

É engraçado percebermos que por vezes há coisas em criança que ficam escondidas no passado e que nós nunca mais nos lembramos delas, mas, mais tarde, ao fazermos um resgate de memórias, dão-nos pistas. Eu, por exemplo, sempre fui uma Ana sonhadora, comunicativa, questionadora, queria impactar, fazer coisas diferentes. Já tinha tanto ali do que queria ser, do que queria fazer.

Aliás, durante muito tempo, quando falávamos de futuro eu dizia que gostava de ter uma agência de ideias. De volta recebia sempre uma sonora gargalhada. "— Oh Ana isso não existe". Mas deveria existir, pensava eu. E hoje o meu negócio é muito semelhante ao que idealizava com a minha agência de ideias. Ajudo os meus empreendedores a saírem da caixa, a pensarem de forma diferente, a criarem uma oferta diferenciadora. Temos conversas que são uma verdadeira tempestade de ideias, e perco a noção do tempo. Ouço com frequência: "Nunca tinha pensado nisso assim, que ideia brilhante". Afinal era possível a minha "agência de ideias" e hoje ajudo outros através da minha ideia 'impossível' e dou sonoras gargalhadas de alegria.

ANA CRISTINA ROSA

Muitas pessoas insistem na ideia de que não têm paixões. Sim é possível, porque, por vezes, o que têm ainda não são paixões. Existe uma ideia pré-concebida de amor à primeira vista, e com um negócio é raro isso acontecer, o que limita muito as pessoas porque ficam à espera de que isso aconteça. Então aquilo que incentivo a fazer é perceberes quais é que são as tuas curiosidades, os teus interesses, porque a verdade é que se explorarmos, esses interesses podem transformar-se numa paixão e essa paixão depois é conjugada com uma série de outros fatores e pode, efetivamente, transformar-se num negócio.

Na nossa sociedade temos essa ideia de que temos um trabalho para garantir a sobrevivência e a segurança e no tempo livre é que se faz aquilo de que se gosta. Eu não defendo isso, defendo que não existe essa separação entre vida profissional e vida pessoal, porque se nós fazemos aquilo que nos apaixona e podemos ser recompensados por isso não precisamos esperar pelos tempos livres para fazer algo que me apaixona.

Eu costumo dizer "se tenho um talento, mas não sou apaixonada por isso, se calhar é altura de pensar". Por exemplo, eu tenho talento para organização de papelada, mas não é algo que me apaixone. Durante muito tempo era eu lá em casa que tratava do IRS (imposto de renda) da família, mas não é aquela coisa que me deixa a vibrar de emoção. Tinha o talento, mas não tinha paixão e aí o 'casamento' é menos provável que funcione. Agora eu ter uma paixão e não ter um talento inato, posso vir a desenvolver. Aliás, o sucesso e tudo aquilo que nós sabemos é 90% transpiração e 10% de inspiração. Quando comecei nesta área não tinha ainda habilidades nem capacidades para trabalhar na área do desenvolvimento de empreendedores, mas tinha esse interesse e essa paixão e fui desenvolvendo essas habilidades e esses talentos para poder casar com as minhas paixões.

Independentemente da fase em que te encontras, tira um momento para refletires:

- Que paixão tens?
- Aquilo que estás a fazer está alinhado com essas paixões?
- Que talentos aqueles que te são próximos mais admiram em ti?
- Estás a usá-los no teu dia a dia?

Não te preocupes se não tiveres as respostas de imediato.

Acredito que se cada um de nós explorar aquilo que está destinado a fazer, as coisas começam a acontecer.

Olha o meu exemplo, acreditei durante muito tempo que o meu propósito de vida passava somente pelo jornalismo. Licenciei-me nessa área, fiz estágios internacionais, desenvolvi jornalismo na rádio, na televisão, na imprensa, mas, a determinada altura, senti que o caminho, afinal, não era por aí. Não me sentia cem por cento realizada, não me sentia cem por cento satisfeita. Descobri que sentia um interesse pela área do Desenvolvimento Pessoal e dos negócios. Apercebi-me que me interessava por tudo o que havia nessa área, desde livros, formações, workshops, documentários. Tudo isso despertava a minha curiosidade. Na época, ainda não era uma paixão, porque não sabia muito sobre o assunto, não tinha ainda dedicado o tempo suficiente para perceber se podia transformar aquilo num negócio. Mas essa minha curiosidade, na qual fui investindo e dedicando mais tempo, mais atenção, mais energia era, afinal, muito mais do que uma curiosidade. Era um interesse e esse interesse transformou-se numa paixão e essa paixão transformou-se naquilo a que eu hoje chamo o meu propósito de vida e o meu negócio.

Então, o desafio que te lanço é que reflitas sobre aquilo que te apaixona. E se não encontrares nada que te apaixone, faz uma lista de coisas que despertam, naturalmente, a tua curiosidade e o teu interesse.

- Qual o tipo de coisas que mais desperta a tua curiosidade?
- Que tipo de livros lês?
- Que tipo de assuntos mais gostas de falar?
- Que tipo de eventos gostas de frequentar?
- Que tipo de atividades gostas de fazer?

Aí já existem algumas respostas interessantes.

Faz uma lista e, logo depois, verifica quantas dessas coisas estás a aplicar na tua carreira, no teu negócio. E, se ainda não estás a aplicar, como poderias transformar tudo isso num projeto de vida, num negócio de sucesso e partilhar com o mundo essas tuas paixões?

Vamos lá!

Sem medos.

Não há respostas certas ou erradas, isto não é o teste da escola. É uma reflexão que te trará as respostas que precisas para validares que estás no caminho certo.

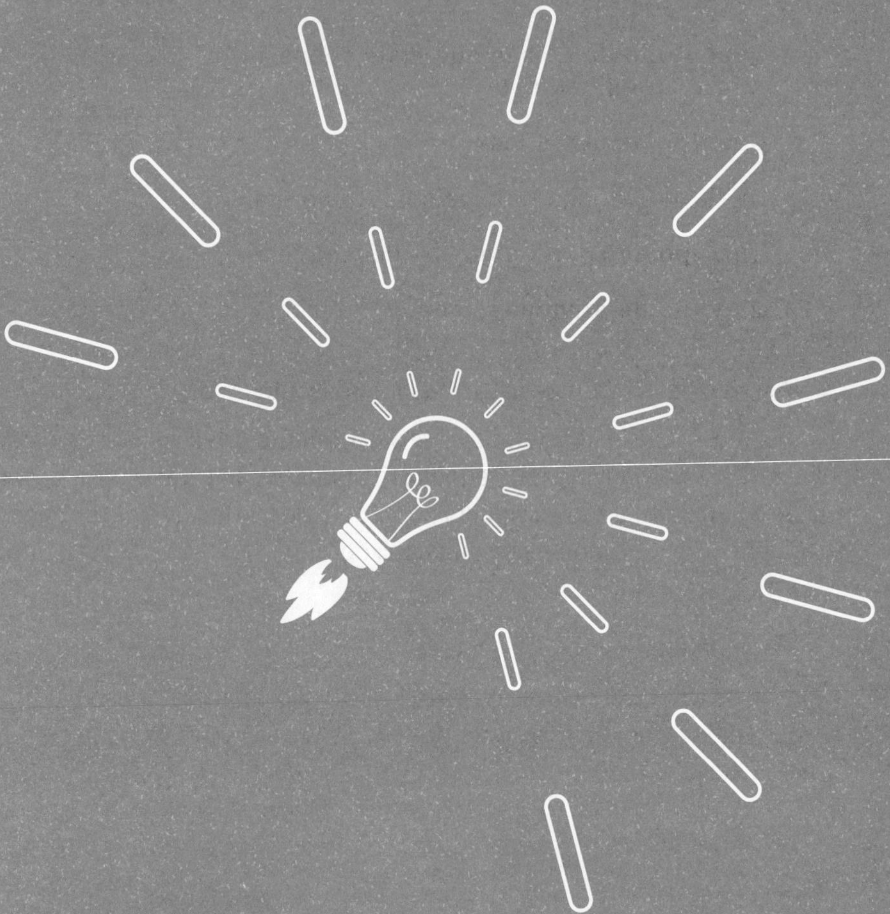

ANA CRISTINA ROSA

GANHANDO CLAREZA

Como seria o teu dia ideal?

Li esta pergunta num livro, mais ou menos, na altura em que fiz o curso de Coaching. Escrevi detalhadamente, lembro-me, o que idealizava no meu caderno de reflexões. Por isso, enquanto escrevo estas linhas, decidi ir buscar esse meu caderno e voltar a ler o que escrevi na altura e é impressionante a semelhança com a minha vida atual.

Partilho um pequeno excerto:

> *" ... Acordo de manhã com uma alegria imensa no coração, visto a minha filha para ir levá-la à escola. Depois regresso a casa onde respondo a emails de pessoas que me agradecem pelo meu trabalho. Preparo os conteúdos de um novo programa de formação. Depois de uma ida ao ginásio e um almoço saudável, dedico a tarde a escrever mais um capítulo do meu novo livro ..."*

Emociono-me ao ler isto.

Eu nem sequer era mãe na altura. Nunca tinha dado formação. Não tinha nenhum livro escrito.

Que exercício poderoso, não é mesmo?

Proponho-te, então, o mesmo desafio:

Fecha os olhos e idealiza como seria o teu 'dia ideal'. Como acordarias, com que pessoas irias conversar e a que tipo de atividades te irias dedicar. Visualiza na tua mente como seria o teu dia ideal. De seguida, escreve tudo aquilo que surgiu na tua mente. Todas as imagens, sons e sensações que surgiram no teu corpo. Escreve tudo o que viste, sentiste e ouviste durante o exercício enquanto pensavas sobre o teu dia ideal.

Na minha descrição vejo, agora, como eu já partilhava da mesma visão que tenho hoje. Eu defendo uma vida e um mundo onde não exista uma separação entre a vida pessoal e a vida profissional. Acredito que quando vivemos alinhados com o nosso propósito de vida não sentimos essa separação, porque tudo na nossa vida é vivido em propósito.

empreender sem desculpas

Voltando à nossa fórmula de Propósito.

Já sabes que eu defendo que o propósito de vida é a junção da paixão e do talento de cada um de nós e a forma como isso é colocado a favor do mundo. Já falamos de talentos, já falamos de paixões. Vais perceber o que quero dizer com este "mundo". Para ser possível colocar o propósito em ação, para ser possível criares um negócio com base no teu propósito, tem de existir alguém que te pague para isso. É aqui que entra o MUNDO, ou seja, as pessoas com quem vais partilhar os teus talentos e paixões e que te vão recompensar por isso. E é aqui que a Magia acontece. E são tantas as histórias dos meus empreendedores que com esta fórmula mudaram a sua vida.

A Inês, advogada, mãe de três meninos, que transformou o seu interesse pela parentalidade num negócio onde ajuda outras mães a melhorarem as suas relações com os filhos.

A Ana, enfermeira, que transformou a sua paixão pela meditação num negócio online onde ensina pessoas a criarem o seu método de meditação.

A Joana, dentista, que percebeu que é apaixonada por ensinar mulheres a gerirem o seu tempo.

A Susana, designer, que percebeu que podia levar mais além o seu talento pelas artes manuais e criou uma marca de acessórios para festas.

A Daniela, que depois de anos a trabalhar numa empresa de tecnologias de informação, despediu-se e hoje dedica-se a ensinar outros empreendedores a se comunicarem em vídeo.

São tantos exemplos.

Todos começaram com as mesmas perguntas.

- E se eu fizesse algo diferente? O que poderia ser?
- Que talentos e paixões tenho?
- Como posso partilhá-los com o mundo?
- Quem são essas pessoas com quem posso partilhar?

ANA CRISTINA ROSA

Quando me coloquei estas mesmas questões, apercebi-me que queria ajudar outras pessoas a ultrapassar os mesmos desafios que eu tinha tido. Queria ajudar pessoas a descobrir o que lhes apaixonava e a criarem um projeto de vida alinhado com isso. Não quero com isto dizer que tem de ser sempre assim e que tenhas de passar por algum tipo de desafio para com isso criares o teu negócio. Mas, se tu sentes que ao longo da tua vida existiram pontos de viragem e que alguns momentos dessa realidade te desafiaram e tu conseguiste ultrapassá-los, isso possivelmente pode trazer-te a vontade de ajudar outras pessoas que estão na mesma situação que tu, através do teu exemplo e da tua experiência, para que consigas ajudar essas pessoas a darem a volta por cima e a fazerem tal e qual como tu estás a fazer neste momento.

Com isto, pensa realmente com que tipo de pessoas é que tu te imaginas trabalhando e ajudando.

Imaginas-te a oferecer-lhes um serviço, um produto?

Que tipo de serviço ou de produto gostarias de lhes oferecer?

Que tipo de necessidades têm essas pessoas?

O que é que tu gostarias de oferecer a essas pessoas?

Imagina como é que poderia ser o teu contributo para o mundo.

Para transformar o teu propósito num negócio tens que identificar o veículo. O veículo é a maneira que vais usar para partilhar e propagar o teu propósito ao mundo.

Exemplos de veículos podem ser:

- Educação/formação: palestras, workshops, cursos online e prensenciais;
- Atendimento/aconselhamento: consultas, terapias, coaching, consultoria, mentoria;
- Escrever: artigos, livros, poesia, blogs;
- Criação: pintura, escultura, costura, fotografia, artesanato, cozinha;

- Artes cênicas: música, teatro, dança;
- Produtos educativos: jogos, brinquedos didáticos;
- Produtos digitais: vídeos, ebooks;
- Etc.

A lista é interminável.

A chave para identificares o teu veículo não é só considerares o que faz mais sentido para o teu propósito, e sim o que mais te apaixona fazer. Por exemplo, se descobriste que tens uma paixão e talento para a cozinha, que veículo vai escolher? Aulas de cozinha, comida ao domicílio, cursos online, Blog de receitas.

São tantas as possibilidades. Se considerares que vários veículos são apropriados para ti, procura sinergias entre eles, para que os possas combinar num único veículo ou organizá-los de forma a que contribuam um para o outro. Imagina, pegando no exemplo anterior, poderias ter cursos online sobre cozinha e um Blog de receitas.

De que forma é que, através daquilo que são as tuas experiências, os teus talentos e as tuas paixões podes gerar valor na vida das outras pessoas?

Todas estas perguntas e descobertas foram o pontapé de saída para o início de uma grande aventura: Tornar-me empreendedora.

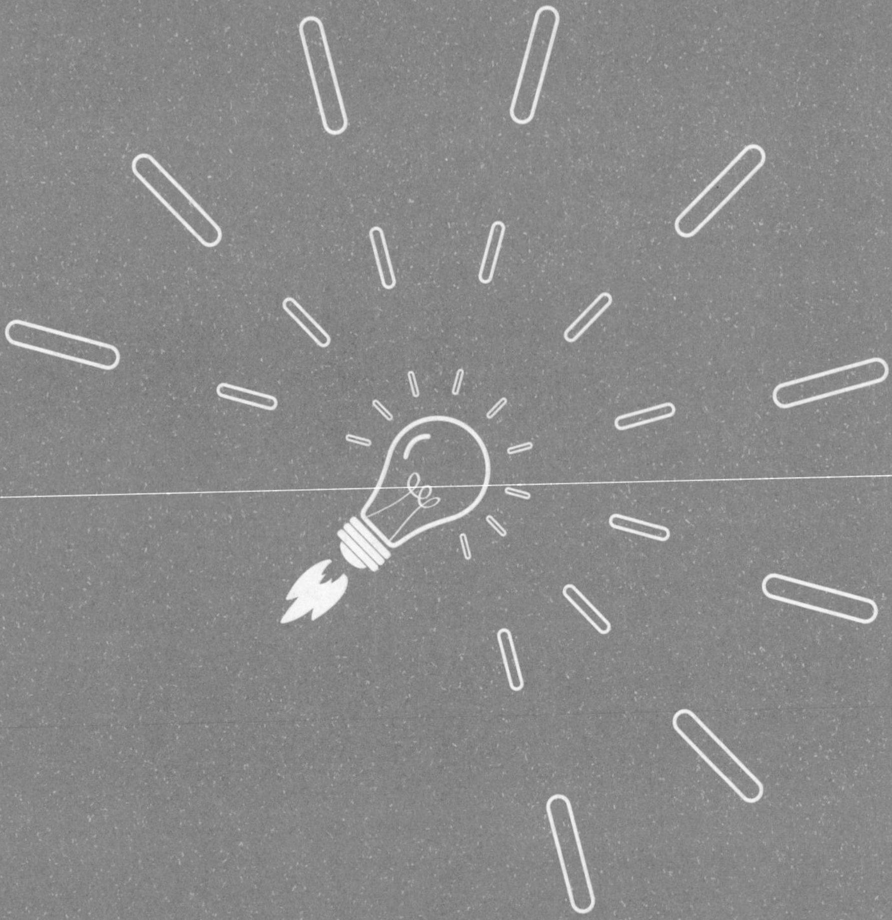

ANA CRISTINA ROSA

SENTIA-ME UM E.T.

Parecia ter encontrado o tal Propósito que lia em todos os livros de desenvolvimento pessoal na altura. Era então altura de arregaçar as mangas e começar a desenhar o meu novo negócio.

Mas... Não fazia ideia por onde começar. Não tinha amigos empreendedores, pouco sabia sobre negócios, a não ser o que tinha observado no meu pai e ouvido, a vida toda, da minha mãe: "Negócio próprio? Nem pensar. É uma carga de trabalhos".

Por um lado, observava o meu pai, empreendedor, sim, mas sem tempo para nada. Durante grande parte da minha infância viveu no estrangeiro e eu contava os dias que faltavam para as férias do verão para poder estar com ele.

Por outro lado, a minha mãe, para quem não havia nada mais importante do que a segurança de um ordenado fixo ao final do mês, mas também a via sempre a trabalhar e a contar o dinheiro para as despesas.

Embora reconhecesse o esforço de ambos, observava-os pensando que nenhum deles tinha a vida que eu sonhava para mim.

E embora por vezes não tenhamos consciência disso, esta influência é muito forte. Por muito que eu tivesse decidido criar um caminho diferente, essas experiências estão lá. Lembro-me que quando trabalhava como jornalista e não estava feliz naquilo que fazia, 'ouvia' a voz da minha mãe, mesmo que ela não dissesse nada: "Foi para isto que estudaste, tanto dinheiro, tanto tempo aqui investidos".

Quantas vezes não seguimos em frente com os nossos sonhos, com os nossos objetivos, por esses medos e por essas vozinhas. Eu sentia-me um E.T. Não conhecia ninguém com a vida que eu queria para mim, uma vida que eu não sabia muito bem como era, só sabia que era algo diferente de tudo aquilo que conhecia.

Os nossos pais amam-nos, as pessoas que gostam de nós querem o nosso bem, querem a nossa proteção. Mas estão a falar connosco consoante a sua visão do mundo, que pode ser bem diferente da nossa. Então é necessário fazer uma desconstrução e pensar se realmente estamos a viver a vida que queremos ou uma vida de acordo com as expetativas dos outros.

empreender sem desculpas

Ouço isto muitas vezes por parte dos meus empreendedores: "Ana, eu se calhar estou a viver uma vida de acordo com as expetativas dos outros e não de acordo com aquilo que são as minhas paixões".

Para desprender estas crenças que já estão enraizadas, é preciso tomar consciência de que realmente existe aqui alguma crença que não é minha, mas que eu estou a carregar na mochila. Carregamos muitas vezes na mochila coisas que não são nossas. Mas, esta influência que temos dos nossos pais pode ser contornada. Esse contorno é feito a partir do momento em que tomamos consciência e passamos a perceber que realmente estamos a viver, não de acordo com aquilo que acreditamos em relação ao mundo, mas de acordo com aquilo que, de alguma forma, nos foi passado e que passamos a acreditar.

Sempre defendi muito a questão da liberdade.

Lembro-me quando estava na universidade e as minhas amigas planeavam o que iríamos fazer quando terminássemos o curso. Eu sempre afirmei que não queria horários, nem patrões, era aquela para a qual a liberdade sempre foi um valor muito importante. No entanto, rapidamente me apanhei na ratoeira, pois acabei o curso, arranjei um trabalho e passei a viver cada dia como uma cópia do anterior.

Até que, a certa altura, comecei a aperceber-me que aquilo não era eu, mas sim o que a sociedade esperava de mim. Houve momentos em que me senti ingrata pois devia estar feliz com o que fazia e devia sentir-me bem porque consegui arranjar um trabalho na minha área. Houve momentos em que a luta entre o que eu sentia que queria para mim, e o que eu achava que os outros queriam era muito acesa e me tirava demasiada energia.

Atualmente, tenho pessoas que vêm trabalhar comigo aos 50 anos que mudam completamente de vida. Fizeram uma coisa durante 30 anos e decidem, naquele momento, mudar de vida e fazer algo completamente diferente e não há nada de errado nisso. Não interessa a idade, não interessa a área, nem os cursos que tiraste. Não há certo, não há errado, há aquilo que te faz feliz.

E isso é o mais importante.

S E M P R E !

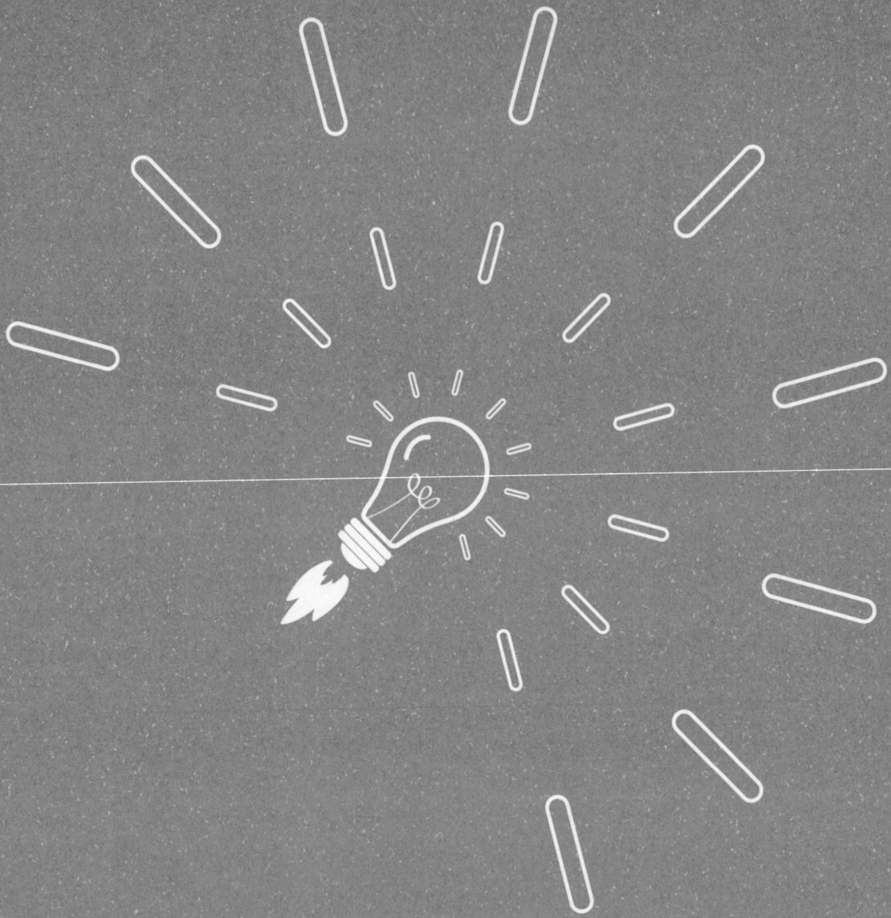

ANA CRISTINA ROSA

OS PRIMEIROS PASSOS

Ali estava eu, a desenhar o meu novo negócio, e assim o esperava, o início de uma nova vida. Passava os dias num misto de medo e entusiasmo. O curioso é que as crises de ansiedade tinham acalmado. E, pouco tempo depois, desaparecido por completo até hoje. Afinal o tal médico que dizia que era para o resto da vida não tinha razão no meu caso. Há meses que não tinha um ataque de pânico, e as pesquisas sobre ansiedade e afins até altas horas da noite na internet haviam sido substituídas por pesquisas sobre negócio — como criar negócio, como empreender. A maior parte das coisas que encontrava falavam em capital, balanços, investimentos, planos de negócio. Tudo demasiado técnico. Não tinha dinheiro para investir.

Vejo, hoje, que esta é uma ideia pré-concebida: se não tiveres capital para investir não começas um negócio. Na realidade em que vivemos atualmente, vejo como esta ideia está ultrapassada. Todos os dias, um pouco por todo o mundo, iniciam-se novos negócios apenas com um computador e ligação à internet.

Na altura o mundo digital não era o que é hoje. Hoje trabalho a cem por cento no mundo online, mas naquela época essa ideia ainda não me passava pela cabeça. Comecei a trocar ideias com colegas que fui conhecendo nas várias formações que ia fazendo, e percebi que o melhor caminho era ter um espaço onde poderia começar a dar as minhas sessões e formações. Mas não tinha dinheiro para investir no aluguer de um espaço. Estava a começar e esse era um custo que não poderia suportar. Passei, então, a contactar alguns espaços no Algarve que pudessem ter interesse nos meus serviços. Fiz uma lista extensa de centros de terapias, gabinetes de psicologia, spas, hotéis, etc. Enviava vários emails por dia, telefonava no dia seguinte a confirmar se tinham recebido a minha proposta. Muitos "por agora não temos interesse", outros sem resposta e alguns, poucos, pedidos de reunião presencial.

Um dos espaços, até que enfim, aceitou a minha colaboração. Iriam divulgar os meus serviços e em troca eu pagava-lhes uma comissão.

Não cabia em mim de entusiasmo. Estava a acontecer. "Envie-nos toda a informação de divulgação", pediram. Porém, eu precisava de um site, de um logo, de panfletos. Precisava de quase tudo.

Atualmente no online, teria contratado um logotipo em 24 horas. Mas na altura tudo era bem mais desafiante. Felizmente, eu tinha um amigo na Suécia que fazia websites. Falei com ele, criou-me o logotipo, o site, cartões de visita, *flyers*.

Que nome usar?

O nome surgiu numa dessas noites em que a cabeça borbulhava com mil ideias. Queria algo impactante e que representasse o que toda aquela mudança significava para mim.

NOVA VITA!

NOVA VITA, sim era isso que eu estava a criar, uma Nova Vida. E assim foi.

Hoje vejo como tudo isto eram medos. O querer ter uma marca, logotipo, website, etc. Sentia-me uma amadora e tudo isto eram artifícios para passar uma imagem profissional.

Tudo isto é importante? Claro que sim. Mas que não seja desculpa para não avançar de imediato. Já tive empreendedores que levam meses neste processo de criação e não fazem a única coisa que têm de fazer — colocar-se em contato com os seus potenciais clientes.

Tinha tudo pronto, não cabia em mim de entusiasmo. Tinha um negócio. Era uma Empreendedora.

Poderia terminar aqui a história e dizer final feliz. A menina que foi em busca do seu caminho, descobriu e foi feliz para sempre. Mas não ficas sempre com curiosidade para saber o que acontece depois do final feliz?

Então, vamos lá!

Eu acreditava que o grande desafio tinha sido descobrir o que me fazia feliz, qual o caminho que queria seguir. Mas os desafios estavam apenas a começar. Mal eu sabia tudo o que a caminhada empreendedora tinha reservado para mim.

A história já vai longa, mas está apenas a começar.

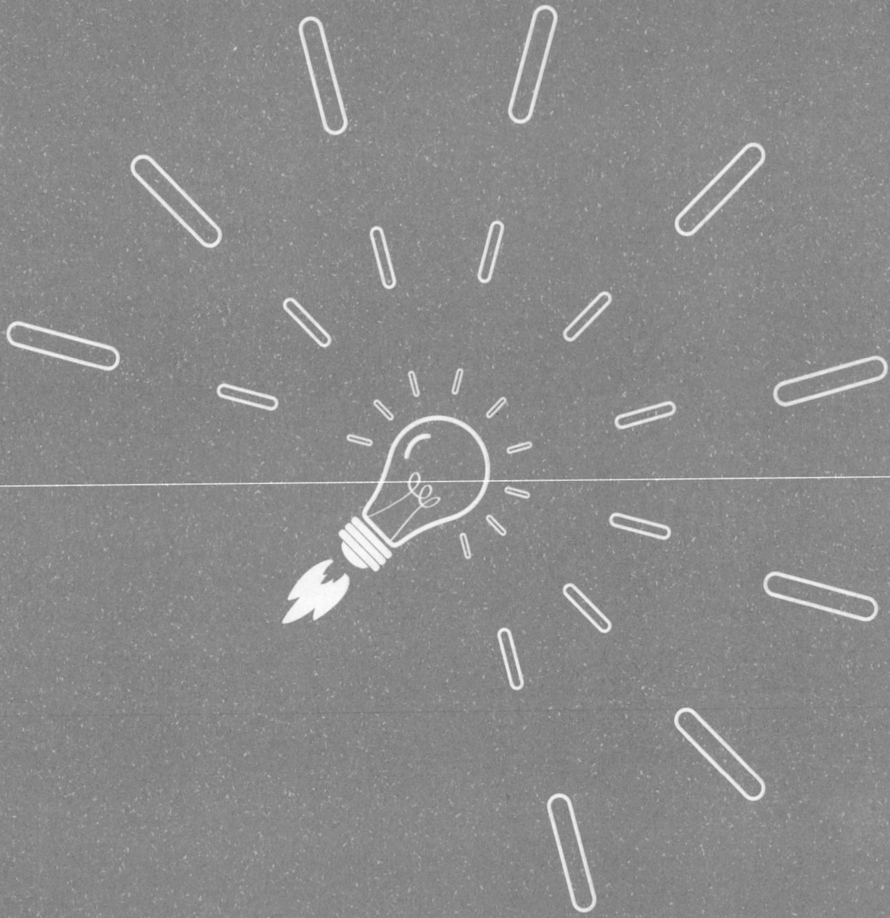

ANA CRISTINA ROSA

ONDE ESTÁ O MAR DE ROSAS?

Ana, a sra. das 14 horas mandou mensagem a desmarcar. Pelo menos esta avisou — disse a dona do espaço de terapias.

Eu estava ali sentada desde as dez horas da manhã. Na noite antes mal tinha dormido, num misto de entusiasmo e nervosismo. Andava há semanas a promover o Dia Aberto de Sessões de Coaching. Tinha conseguido cinco marcações para uma sessão gratuita, onde ia apresentar os meus serviços de Sessões Motivacionais. Tinha-me levantado às sete horas da manhã, conduzido cerca de uma hora de Portimão a Faro para chegar ao espaço onde ia dar as sessões.

Lembro-me como se fosse hoje do que tinha vestido. Uma camisa branca impecavelmente passada, umas calças de bombazine pretas, uma bota preta com um pequeno salto, uma bolsa preta para combinar e um lenço azul e cinza que a minha mãe me tinha oferecido e que decidi estrear naquela ocasião especial. Estava habituada a vestir-me de jeans e ténis, mas naquele dia quis passar um ar de maior credibilidade e achei que a roupa ajudaria.

Cheguei cheia de expetativas.

Na parte da manhã, das duas marcações que tinha, ninguém apareceu. Não tinham dito nada. Fui, então, almoçar num restaurante ali perto e acreditei que na parte da tarde iria correr melhor.

Só que após o almoço tudo se repetiu.

— Ana, a senhora das 14 horas desmarcou — disse a dona do espaço, numa voz tão baixa que mal ouvi.

Tentei manter o ânimo, afinal era isso que eu queria fazer, partilhar com os outros como manter o pensamento positivo.

— Está bem — respondi.

Ainda tinha mais duas pessoas marcadas para aquela tarde. Ia dar tudo por tudo para que essas saíssem dali satisfeitas. Tinham de sair satisfeitas. Muito satisfeitas.

Aguardei 30 minutos.

— Cafezinho, Ana?

Abanei que não-obrigada com a cabeça. Uma hora...

Uma hora e meia...

O celular estava quase sem bateria de tantas horas que tinha passado a passar o dedo no ecrã, cursos, receitas, viagens, já tinha pesquisado um pouco de tudo para passar o tempo.

— Se quiser, pode dar uma volta. Se chegar alguém... se chegar a sua cliente dou-lhe uma apitadela.

Abanei a cabeça negativamente, sem levantar o olhar do ecrã.

— O.K. — acrescentou a dona do espaço e saiu do gabinete. Duas horas...

Três horas...

A dona do espaço circulava por ali, respirando fundo. Levantei-me e joguei o celular para dentro da bolsa preta.

— Vou à casa de banho. Eram agora 17 horas.

Regressei ao gabinete. Não retirei o celular da bolsa, naquele tempo que ali fiquei não deu um bip, nada. Permaneci na cadeira, a observar as botas e a bolsa. O preto das primeiras era ligeiramente mais claro do que o preto da segunda. A bolsa era preta demais, era outro preto. Só que, claro, ninguém iria criticar. Ninguém iria ver. Ninguém tinha aparecido.

— Ana pedimos desculpa, não conseguimos controlar isto. As pessoas marcam e depois não aparecem.

— Claro, eu entendo. Não há problema nenhum — respondi fazendo um esforço sobre-humano para parecer tranquila.

Arrumei, então, as minhas coisas e saí a passos largos. Cheguei ao carro e iniciei a viagem de regresso a casa.

Estava desiludida. Sentia-me um fracasso. O que ia contar à minha mãe? O que ia dizer à minha irmã? Tinha partilhado com toda a gente a vitória daquelas cinco marcações. Iria ser "Ana, a chacota da família. Ana, a louca das mil ideias. A que havia ido longe demais." Tinha trocado uma promissora carreira de jornalista por um sonho sem sentido em que gastava mais dinheiro do que aquele que ganhava. "Isso não vai funcionar. É mais outra das tuas mirabolantes ideias. Como é que vais viver?" Ouvia tudo isto em eco na minha *cabeça. Tinha vontade de chorar. Como podia ter sido tão ingénua ao ponto de acreditar que alguém queria saber das minhas sessões de motivação, se nem eu própria me estava a conseguir motivar naquele momento.*

Mas, se assim era, porquê que aquela vozinha que dizia "continua" teimava em não ir embora??

◆ ◆ ◆

Acabaste de ter uma sensação de déjà vu?

Sim é possível. Pois foi exatamente assim que comecei este livro.

Estás curioso para saber as cenas dos próximos capítulos?

Poderia começar agora a descrever o mar de rosas que é ser empreendedor. A maravilhosa liberdade que nos proporciona, o quão fantástico é sermos donos da nossa própria vida. Mas a verdade é que os primeiros tempos nada tiveram de conto de fadas. Este episódio que, de propósito, voltei a relatar, foi uma das minhas primeiras desilusões como empreendedora. Foi onde me apercebi que afinal os desafios estavam só a começar.

Naquele dia, regressei a casa. Não quis falar muito sobre o assunto. Não houve críticas, nem "Eu bem te disse". A minha desilusão foi respeitada.

Levei cerca de uma semana a digerir a coisa.

Começaram a gritar todas as vozes na minha mente. "Nunca vais ganhar dinheiro". "Isso nunca vai dar certo". "Ninguém quer saber o que tens para oferecer".

Mas era tarde para voltar atrás.

A ponte tinha sido queimada e não havia forma de voltar à minha 'antiga vida'. Tudo estava diferente. Eu estava diferente.

Hoje, quando olho para trás, sei que tudo isto fazia parte do processo de empreender, mas na altura não tinha essa visão. Sinceramente, pergunto-me: como nunca desisti?

Faz parte do percurso de qualquer empreendedor encontrar e superar desafios.

empreender sem desculpas

Aquela ideia romântica que defende que ser empreendedor é mandar tudo ao ar, ir em busca de um sonho e viver feliz para sempre está um pouco longe da realidade. E muitos acabam por desistir quando se apercebem exatamente disso.

Fico cheia de 'comichão' quando me aparecem na Redes Sociais relatos de empreendedores que abandonaram tudo, ficaram sem nada, e em meia dúzia de dias conseguiram tornar-se milionários — e falam da maravilhosa vida que têm hoje, dos iates e dos carros de luxo que compram. Os 'comuns mortais', quando tomam finalmente a coragem de avançar e não têm os mesmos resultados num curto espaço de tempo, pensam que afinal "não são bons o suficiente", que "a sua ideia de negócio não presta."

A realidade é que ser empreendedor dói. Hoje afirmo isto com base não só na minha experiência, mas na experiência de centenas de empreendedores que tenho acompanhado.

O entusiasmo inicial vai dando lugar à preocupação de não ter dinheiro para pagar as contas. A preocupação transforma-se em medo de não funcionar. A liberdade transforma-se numa prisão: se não estivermos presentes, o nosso negócio não funciona. Esquece as folgas, as férias, o ordenado fixo ao final do mês.

Depois desta descrição ainda tens vontade de empreender? Sim?

Então vamos lá começar a falar a sério!

Tudo o que descrevi é a mais pura verdade para muitos empreendedores que conheci neste meu percurso. É a minha história também.

Mas não tem de ser assim. Nem para sempre assim.

Existe, sim, uma fase inicial de muito investimento, principalmente investimento de tempo e energia, mas com isso constroem-se as bases de um negócio que te irá proporcionar a vida que realmente sonhas. Uma vida que te permite fazer aquilo que te apaixona enquanto tens liberdade de tempo e dinheiro para desfrutar junto daqueles que são importantes para ti. Hoje, certamente, tenho esta vida, mas também sei que foram os desafios no caminho que me permitiram cá chegar. Por isso é importante falarmos dos desafios, tal como quando somos mães e só idealizamos a parte cor-de-rosa, mas no pacote vêm também as noites mal dormidas, as preocupações, os medos. Mas no final vale muito a pena. Assim é com o Empreendedorismo.

Os primeiros três anos do meu negócio foram mesmo muito desafiantes. Havia meses em que o que ganhava não chegava para as despesas. Ia aprendendo por tentativa e erro. Não pedi ajuda: decidi fazer tudo sozinha. Achava que sabia tudo sobre ser empreendedora quando não sabia absolutamente nada. Nunca tinha aprendido na escola, nem na vida, aquilo de que precisava para empreender.

Olhando para trás, vejo que tive uma educação para ser empregada. Horários para cumprir, alguém que me dissesse o que tinha de fazer. Não havia lugar à criatividade. Quando decidia dar asas à minha criatividade, ouvia de imediato: "Ana, menos. Isenção!" Sempre pensei que num curso de jornalismo a criatividade fosse a coisa mais valorizada. A verdade é que não foi bem assim. Existem programas, currículos para seguir. A criatividade limita-se a aparecer no pouco espaço que lhe dão, de uma forma tímida e insegura.

Retomando: o meu maior erro foi achar que sabia ser empreendedora. Hoje sei que havia muita coisa para aprender. Muitas decisões poderiam ter sido diferentes. Não me arrependo. Afinal todo esse percurso permite-me, hoje, ajudar outros empreendedores a fazerem a sua caminhada de uma forma muito mais rápida e segura, aprendendo com os erros que eu cometi.

Ao longo de todos estes anos apercebi-me da semelhança de comportamentos nos empreendedores com quem trabalho. Sempre que partilhava a minha história e os desafios que tinha passado, ouvia: "Ana parece que estou a ouvir a minha história".

Percebi que a minha história era a história de muitos empreendedores e que ao partilhá-la, inspirava-os a não desistir. Foi essa constatação que me inspirou a escrever este livro. Nele, reúno as minhas aprendizagens em dez 'tipos de empreendedores' e criei uma espécie de caricatura dos tipos de empreendedor que não queres ser se queres alcançar resultados.

Uma vez li que o sucesso é 80 por cento *mindset*, ou seja, a forma como pensamos e 20 por cento de trabalho técnico. Isto é muito interessante porque percebi que por muito que nós façamos, e até podemos ter todas as habilidades, todos os talentos e recursos técnicos, se a nossa mente não estiver preparada para ser empreendedora as coisas não correm bem.

Trabalho muito esta questão do *mindset* com os meus empreendedores. Digo sempre que estamos a criar negócios de dentro para fora, porque quando somos empreendedores quem vê de fora, quem trabalha por conta de outrem, muitas vezes pode achar que é um mundo maravilhoso e fantástico, mas a verdade é que não é bem assim, porque existe uma das necessidades básicas do Ser Humano que é colocada em causa: a segurança. É o trocar o certo pelo incerto.

A taxa de desistência de um negócio nos três primeiros anos é altíssima e isso acontece porque 'a casa não tinha os alicerces sólidos', ou seja, interiormente não houve uma preparação para o que poderia acontecer.

Quando somos empreendedores estamos constantemente a sair da zona de conforto. No empreendedorismo não existe parar. Parar é andar para trás. Quando trabalhamos por conta de outrem conseguimos durante muitos anos fazer a mesma coisa. No empreendedorismo temos que estar constantemente a inovar.

Basta olharmos, hoje, para negócios 'tradicionais' que não estão a funcionar porque não se estão a adaptar às constantes mudanças do mundo.

O mundo é muito rápido, há muita informação, há muita coisa, e no empreendedorismo esta propensão ao risco, o sair constantemente da zona de conforto são características fundamentais para quem quer ter um negócio de sucesso.

Em algum momento da tua jornada empreendedora vais cair num destes tipos de empreendedores. Mergulha de mente aberta nos próximos capítulos, 'enfia a carapuça' as vezes que forem necessárias, ri de ti mesmo se sentires vontade, e acima de tudo percebe que não estás sozinho, o que vou partilhar contigo foi e ainda é, a minha realidade, e é também a realidade de centenas, milhares, milhões de empreendedores que todos os dias ousam ir em busca dos seus sonhos. No final de tudo isto não terás mais desculpas e tomarás a decisão que precisas tomar de uma vez por todas: Afinal tens o estofo suficiente para ser um empreendedor à séria?

Já faltou mais para teres essa resposta.

Vamos a isto?

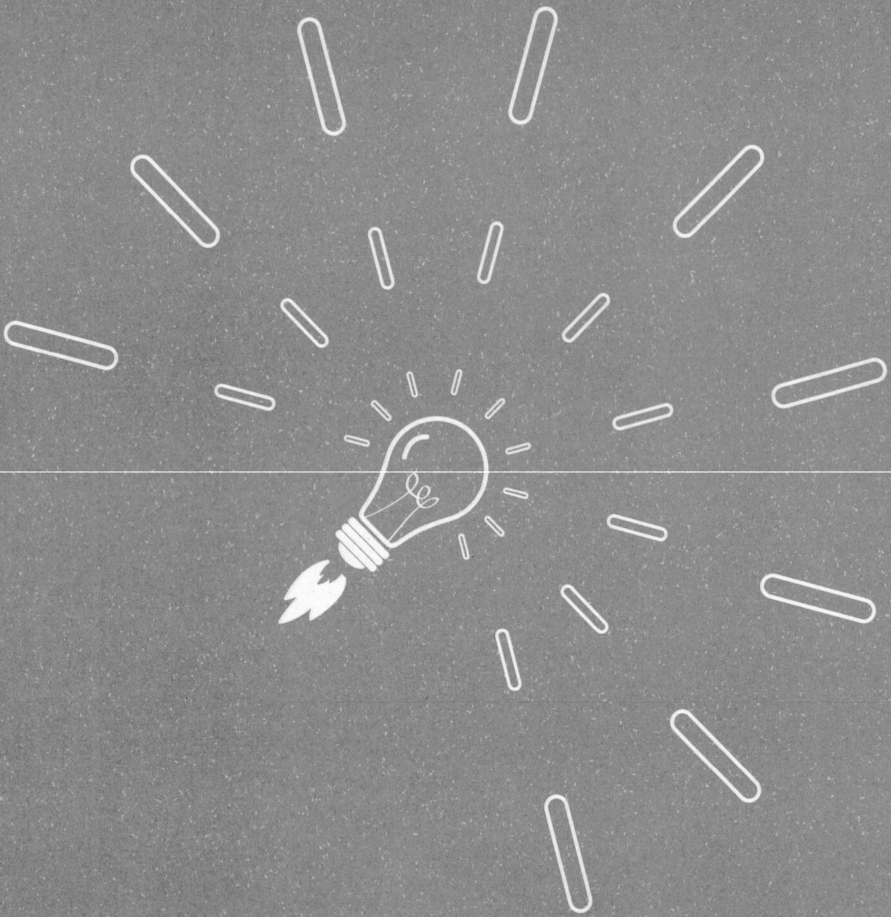

ANA CRISTINA ROSA

I. EMPREENDEDOR SOLITÁRIO VS. EMPREENDEDOR INFLUENTE

Estava num jantar de família, tinha iniciado o meu negócio há meia dúzia de meses. Comecei a falar do que andava a fazer e o meu tio disse: — A Ana qualquer dia anda de porta em porta a levar as pessoas para a 'seita'.

Era assim que viam o meu negócio, eu querer ajudar pessoas a definirem objetivos, a melhorarem a sua autoconfiança, comunicação, era algo comparável a uma seita. Senti naquela altura que tinha deixado de ser o orgulho da família. A primeira licenciada da família, a jornalista, tinha abandonado tudo para se tornar no quê? Coach?? Ninguém sabia sequer o que isso significava. E se ao início eu explicava detalhadamente o que fazia, com o passar do tempo, fui deixando de me dar a esse trabalho.

Sentir que estamos a viver o nosso propósito, acordar de manhã e sentir que não poderíamos estar a fazer mais nada, parece lindo, mas a verdade é que esta utopia está longe da realidade no que toca ao empreendedorismo. Sinceramente quem 'vende' essas ideias só deve conhecer o empreendedorismo dos livros.

Além de todos os desafios que traz o quotidiano de um empreendedor: viver na corda bamba sem saber quanto se vai ganhar naquele mês; lidar com todos os medos que atacam a nossa mente em força, tal exército unido para nos demover da árdua tarefa de empreender, ainda temos que lidar com os não empreendedores, entenda-se, a maior parte das pessoas à nossa volta.

Este é um dos verdadeiros desafios. Quando começas a ouvir no exterior as vozes que de alguma forma ecoam coisas que também a tua mente te diz por vezes, como:

"Isso não vai dar dinheiro". "Ninguém vai comprar isso". "Vai, mas é arranjar um trabalho".

E outras pérolas do gênero.

empreender sem desculpas

Se há coisa que, naquela época, eu não tinha noção é da quantidade de entendidos na matéria quando se fala de negócios e empreendedorismo. É qualquer coisa semelhante quando somos mães e toda a gente tem algo a achar.

Toda a gente tem um primo, um vizinho a quem as coisas não correram bem e todo o cuidado é pouco, "as finanças ficam com tudo", "o que não faltam são negócios desses", "quem é que vai pagar por isso".

Como se já não bastasse o nosso próprio exército de vozes demovedoras de empreendedores, estas do exterior ainda vêm dar mais força. E, - pelo tom deste texto, parece que estou a criticar o exterior, aqueles que me apontavam o dedo, a verdade é que foi assim que me senti durante algum tempo, até que percebi que a única pessoa que estava mal era eu.

Porque deixava eu que tudo aquilo ressoasse tanto comigo?

Talvez, porque eu própria ainda colocava em dúvida tudo o que estava a fazer. As pessoas à minha volta falavam sob a sua perspetiva de mundo, sob a sua realidade, e por exemplo no caso da minha mãe, da minha irmã, a sua única preocupação era que eu não sofresse. Tudo o que me diziam, e não diziam — eu sabia que falavam muitas vezes entre elas sobre o quanto estavam preocupadas comigo — era com o objetivo de me proteger.

Eu e a minha irmã sempre fomos as melhores amigas, com apenas 15 meses de diferença, não me lembro da minha vida sem ela. Sempre frequentamos a mesma escola, tivemos os mesmos grupos de amigos, visitamos os mesmos sítios. Quando fui para a Polónia o máximo de tempo que tínhamos ficado sem nos ver, até então, tinham sido três dias, numa visita de estudo que eu tinha feito no nono ano. Ela foi uma das razões para eu querer regressar a Portugal, sentia falta da minha companheira de vida. Sempre tivemos uma relação muito engraçada, discutimos por tudo e por nada, 'fervemos em pouca água', mas nunca conseguimos estar longe uma da outra. Mas quando me tornei empreendedora, apesar de estarmos próximas fisicamente, senti-me mais distante dela do que nunca. A minha irmã não partilhava o meu entusiasmo, não entendia os meus medos, não acreditava nos meus objetivos. Queria que eu tivesse uma vida 'normal', na verdade ela tinha medo que eu me magoasse. E eu só queria que ela sonhasse comigo, como tantas vezes tínhamos feito na infância.

ANA CRISTINA ROSA

Este foi o maior desafio nos meus primeiros tempos de empreendedora, não tenho dúvidas, e olha que foram muitos. Foi a solidão. Não ter ninguém para partilhar os meus medos, dúvidas, ideias. O sentir-me completamente deslocada da família, do grupo de amigos, onde até então tinha feito parte.

Ser uma empreendedora solitária foi uma dor que me custou muito a curar. Tenho imensos diários dessa altura, escrevia muito, sentia uma vontade louca de partilhar com alguém o que sentia, o que pensava.

Fruto desta necessidade comecei a frequentar cada vez mais formações e eventos. Nos meus primeiros anos de empreendedora chegava a ter formações quase todos os fins de semana, investia assim grande parte do dinheiro que já conseguia gerar com o meu negócio. Queria aprender mais, sim, mas a vontade de estar com pessoas que pelo menos falassem uma linguagem semelhante era muito forte.

Esses momentos tornaram-se o meu 'balão de oxigênio'. Fazia muitos quilómetros e frequentava formações de uma ponta a outra do país.

Assim, a pouco e pouco fui criando uma pequena tribo de pessoas com as quais mantinha contato regular e com quem trocava ideias. Quanto mais partilhava estes meus desafios de não ter pessoas à minha volta que entendessem a minha nova vida, mais me apercebia o quanto era comum esse desafio na vida daqueles que estavam a ousar fazer algo novo e diferente.

À medida que o tempo foi passando essas dúvidas foram enfraquecendo cada vez mais e a 'aprovação' do exterior começou a chegar. Observo, agora, essa fase com particular interesse e com o distanciamento necessário apercebo-me que todas essas dúvidas que vinham do exterior eram, nada mais nada menos, do que um reflexo das minhas próprias dúvidas, dos meus questionamentos. Tudo aquilo era apenas um espelho de como eu própria me sentia. "No que te estás a meter?", "Isso não vai funcionar", eram ecos das minhas próprias incertezas.

Poderoso aperceber-me disso, agora, e perceber também que à medida que eu própria continuei a caminhar e fui atenuando essas dúvidas as vozes do exterior começaram também a falar-me com mais confiança.

Como consegui continuar a caminhar apesar das vozes demovedoras de sonhos?

Buscava inspiração junto de outros que já tinham feito ou estavam a trilhar uma caminhada semelhante à minha.

Não precisas, afirmo, de fazer esta jornada sozinho. Acredita, existe muita gente na mesma situação do que tu, pessoas que vão entender os teus anseios, as tuas dúvidas, as tuas vontades.

Os outros, os teus, a esses dá-lhes tempo. Os teus resultados falarão melhor do que as tuas palavras. Hoje a minha irmã trabalha comigo, também ela, poucos anos mais tarde, largou um emprego 'seguro' e tornou-se empreendedora. Voltamos a sonhar juntas. A minha mãe é a minha maior fã, assiste a todos os meus Diretos, segue as minhas redes sociais, frequenta os meus cursos.

Curioso que tudo isto aconteceu quando deixei de tentar impor-lhes a minha verdade e passei a respeitar que tivessem uma visão diferente. Mostrei-lhes em resultados que aquele meu novo caminho era o certo, pelo menos e principalmente para mim.

Na minha comunidade de empreendedores este é um tema muito recorrente, são muitos os que se 'queixam' da falta de apoio do mundo à sua volta. Claro que ajuda, que motiva, ter esse apoio das pessoas que são importantes para nós, mas não podes estar dependente da aprovação alheia. Ser empreendedor é muito mais do que ter um negócio, é ter toda uma nova forma de estar na vida. Conheço pessoas cheias de vontade, paixões, mas que acabam por desistir, ainda antes de começar, por não sentirem apoio. Outras até chegam a começar cheias de entusiasmo, mas rapidamente recuam e voltam a enfiar os sonhos na gaveta. Tenho empreendedores que partilham comigo que começaram o seu negócio, mas que não sentiram o apoio do marido/mulher, dos pais, dos amigos. Isto, para muitos, é um obstáculo para continuar.

Eu senti isso na pele quando decidi ser empreendedora. De início a minha mãe não viu com 'bons olhos' a minha mudança, não porque não quisesse que eu fosse feliz, pelo contrário, ela queria que eu fosse muito feliz. Mas para ela felicidade era sinónimo de segurança. E jogar ao ar uma carreira, após anos de investimento, para me dedicar a uma área que ninguém sabia muito bem o que era, não era propriamente o maior exemplo de segurança que ela conhecia.

Uma das estratégias que vejo muito, é tentar trazer família e amigos para a 'nova vida'. Mas não é a caminhada deles, é a nossa. E tudo o que é imposto não funciona.

Durante algum tempo, sempre que estava com a minha família só falava dos meus novos assuntos. Vejo hoje que eu usava até um certo tom crítico na forma como me dirigia a eles, julgava-os pela vida que tinham e por não fazerem nada para mudar. Mas se a minha intenção era boa, do outro lado a resistência só aumentava.

Decidi mudar a estratégia. Comecei a falar de outros assuntos que tínhamos em comum e deixei essa parte de lado. Através dos resultados que ia conquistando fui provando que era possível. Começaram a ver e a admirar as minhas conquistas e a perceber que eu me sentia realmente feliz com o que fazia. Comecei sozinha e hoje tenho toda a minha família a apoiar-me.

O primeiro passo é respeitarmos que tal como nós estamos no nosso momento, aquelas pessoas também estão no momento delas.

O teu exemplo, os teus resultados, são a melhor forma de mostrar que as coisas funcionam. Este Empreendedor Solitário traz sim muitos desafios, mas com esses desafios vêm as primeiras grandes aprendizagens.

Uma delas é o poder da influência.

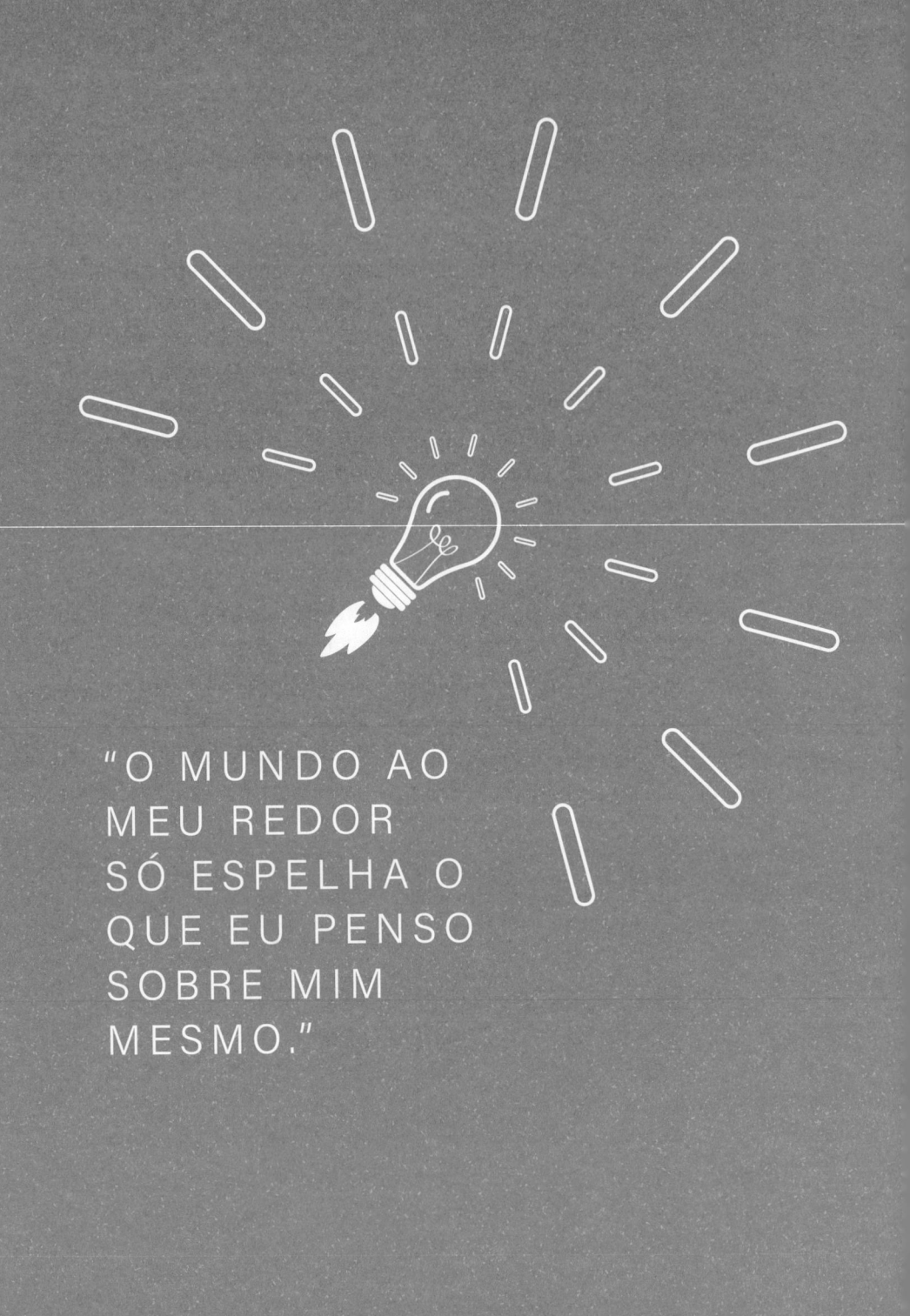

"O MUNDO AO MEU REDOR SÓ ESPELHA O QUE EU PENSO SOBRE MIM MESMO."

ANA CRISTINA ROSA

EMPREENDEDOR INFLUENTE ENTRA EM CENA

Dizem os livros de desenvolvimento pessoal e liderança que "somos a média das pessoas com as quais passamos mais tempo". Então escolhe a dedo com quem queres partilhar as tuas ideias, de quem te queres rodear, quem queres ter no teu grupo de influência.

Uma das minhas estratégias, quando comecei a empreender, foi inscrever-me em formações dos temas que me interessavam. E lá encontrava várias pessoas que me entendiam. Tenho, até hoje, várias amizades dessa altura. Precisava daquela dose de energia extra, precisava de estar com pessoas que me diziam "eu sinto o mesmo que tu", "eu estou no mesmo processo que tu", "eu ouço o mesmo que tu".

Quando criei os meus primeiros grupos de empreendedores fiz questão que o efeito comunidade fosse um dos alicerces. E ouço com frequência: "Lá fora não tenho apoio, mas chego aqui, faço uma partilha e vejo que toda a gente sente algo parecido".

É importante procurares a tua tribo.

Hoje em dia há tantas possibilidades — grupos online, eventos, formações. Procura rodear-te de pessoas de quem possas 'beber a dose de inspiração' que precisas para perceberes que não estás sozinho.

Quando aprendes a ser um mestre na arte de te relacionares, de influenciar e gerar valor nas pessoas à tua volta, e também a conseguir identificar no teu ambiente e no teu contexto quem são as pessoas que te apoiam na concretização dos teus objetivos, passas a ter uma visão clara de quem é que são as pessoas que tu queres ter a bordo contigo nesta viagem para conseguires concretizar e viver aquilo que é a vida dos teus sonhos.

empreender sem desculpas

Quem são as pessoas com quem tu te dás?

Com quem passas mais tempo no teu dia a dia e de que forma é que essas pessoas influenciam a tua vida, as tuas escolhas e as tuas decisões?

Essas pessoas são o teu grupo de influência.

Atenção, contudo, que para escolheres pessoas para o teu grupo de influência, não significa que tens de abdicar do teu grupo de amigos e família. O que significa é que ao formares o teu grupo de influência, vais deliberar conscientemente quem são as pessoas que tu queres que façam parte deste grupo, que te acompanhem, desafiem e auxiliem rumo aos teus objetivos.

Reflete sobre estas questões:

Em média, quanto tempo passas com pessoas que amam aquilo que fazem, que estão alinhadas e a viver aquele que é o seu propósito de vida?

Em média, quanto tempo passas com pessoas que não gostam daquilo que fazem, que não se sentem realizadas e que não estão a viver o seu propósito de vida?

Quem são as cinco pessoas da tua vida com quem passas mais tempo?

Pensa na influência de cada uma destas pessoas na tua vida.

São pessoas que te apoiam, que te trazem valor, que te desafiam a ir para o próximo patamar? Ou são pessoas que te dizem que não vai funcionar e que te fazem duvidar do teu caminho?

ANA CRISTINA ROSA

Se descobrires que tens pessoas no teu círculo fechado que pertencem ao segundo grupo, não tens de eliminá-las da tua vida, simplesmente optarás por escolher outras pessoas com quem possas partilhar os teus objetivos.

Este conceito de grupo de influência teve um grande impacto na minha vida e no desenvolvimento do meu negócio.

Ao longo dos anos juntei-me a vários grupos. Pertenci e pertenço a grupos de empreendedores onde assumimos compromissos uns com os outros. É interessante ver como pessoas que não conhecia antes, hoje fazem parte do meu grupo de amigos. São muitas vezes as primeiras pessoas a quem recorro quando tenho um desafio profissional ou uma conquista para celebrar.

Assim como são importantes os relacionamentos que desenvolves com pessoas que te apoiem, inspirem e motivem a continuar. É igualmente importante seres também tu esse foco de luz. Aquele que inspira, motiva e gera valor na vida dos outros.

Quer vendas um produto, um serviço, uma ideia, qualquer coisa que queiras colocar no mundo, precisas de pessoas à tua volta que reconheçam o valor do que tens para oferecer. Pessoas dispostas a gerar valor na tua vida em resposta ao valor que geraste na sua.

Quando começas a assumir esta consciência de te tornares uma pessoa influente e passas a ser alguém que aparece sem a pretensão de gerar valor para conseguir alguma coisa em troca, mas sim para gerar valor porque simplesmente gostas de gerar valor na vida dos outros, a vida começa a retribuir-te.

Vivemos a era dos Negócios *Human* to *Human*, pessoas que compram de pessoas. Quando alguém compra o teu produto/serviço/ideia compra principalmente por seres quem és e pela história que contas.

Quando alguém compra alguma coisa, 80 por cento dessa compra é feita por emoção e 20 por cento de razão.

E como é que tu crias essa emoção?

Falando de ti, contando a tua história, partilhando dicas, estratégias, experiências, gerando valor na vida daquela pessoa, sem pedir nada em troca. Vai chegar uma altura em que tu geraste tanto valor na vida daquela pessoa que quando tu lhe apresentas uma solução, a pessoa não sente que está a comprar, está simplesmente a assumir um compromisso com uma relação que já existe.

Neste momento existe uma venda? Não, existe um 'casamento'.

Vou voltar a este assunto de uma forma mais detalhada num dos capítulos mais à frente. Por ora, reflete sobre isto, pensa como podes assumir esta influência. Assume essa influência autêntica, real, interessa-te genuinamente pelos outros e pelo que podes acrescentar às suas vidas. Seja no teu grupo de amigos, no teu local de trabalho, quando vais a um evento, nas tuas redes sociais, gera valor com quem te cruzas. Nunca sabes quem está do lado de lá.

A minha irmã quando terminou a Licenciatura começou a trabalhar num departamento comercial de um hotel e dizia: "Ainda não estou onde quero estar, mas vou dar o meu melhor todos os dias que aqui estiver".

Passado um ano, recebeu a visita de um cliente que queria conhecer o espaço. Fez uma visita de cortesia e fez aquilo que fazia diariamente, agir com excelência. Esse cliente, era administrador de um outro hotel, e poucos dias depois surgiu o convite para assumir a direção desse projeto. Este é o princípio da alta performance, que dita que seja o que for que façamos, devemos estar comprometidos no desempenho dessa função. Nunca aceites o medíocre. Quem recusa o medíocre tem o excelente à espera.

O teu sucesso vai ser proporcional ao número de pessoas que influenciares ao longo da tua vida. E com isto, o meu desafio agora – e que podes usar para o resto da vida — é que te tornes uma pessoa consciente dos teus relacionamentos e que comeces a exercer a tua capacidade de influência. Pode ser um telefonema a um colega que está com algum desafio, uma mensagem nas redes sociais para alguém que está a precisar.

Dentro das minhas comunidades sou muito atenta a todos os que geram valor e hoje a minha equipe é composta por muitas destas pessoas. Pessoas que de uma forma genuína se ofereceram durante meses para ajudar os colegas, sem pedir nada em troca. O importante é teres esta atitude interessada e não interesseira de estar na vida e nos negócios.

O empreendedorismo não tem de ser um caminho solitário. Rodeia-te das pessoas certas, cria impacto, gera valor. O teu sucesso será proporcional ao número de pessoas que impactares positivamente ao longo da tua vida.

A RETER...

- Não busques nos outros a aprovação que precisas buscar dentro de ti mesmo.
- És a média das pessoas com quem passas o teu tempo.
- O teu sucesso será proporcional ao número de pessoas que influenciares ao longo da tua vida.

PERGUNTAS que fazem despertar o melhor Empreendedor que há em Ti:

- O que vais dizer a ti mesmo sempre que ouvires uma crítica do exterior?
- Quem são as pessoas que vais buscar para fazerem parte do teu grupo de influência?
- Como vais gerar valor na vida das pessoas com quem te cruzas?

MANTRA EMPREENDEDOR

"O mundo ao meu redor só espelha o que eu penso sobre mim mesmo".

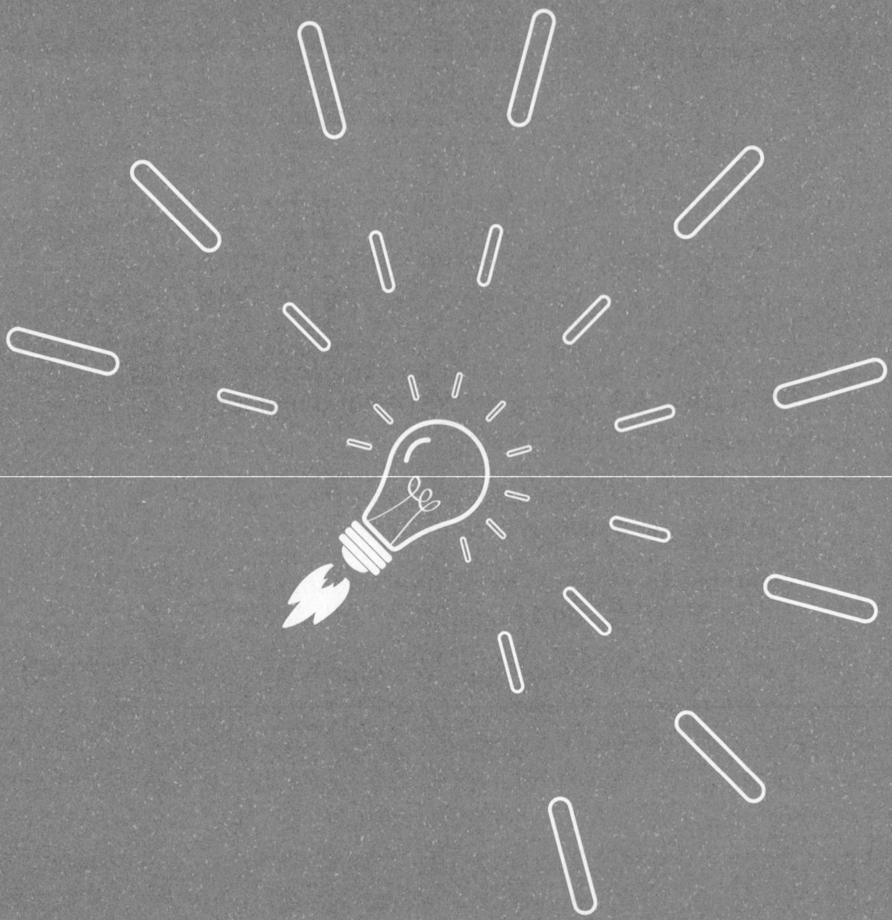

ANA CRISTINA ROSA

II. EMPREENDEDOR AO SABOR DO VENTO *VS.* EMPREENDEDOR COM FOCO

Acordei eram nove da manhã, preparei-me para um dia superprodutivo. Tinha aquela proposta para enviar, um novo workshop para preparar. Como era bom ser dona do meu tempo.

Era meio-dia: tinha posto a roupa a lavar, tinha lavado a loiça que tinha ficado do jantar e era hora de começar a preparar o almoço.

Lida da casa 10, negócio 0.

Este cenário era recorrente nos meus primeiros tempos de empreendedora. Se ao início achava fantástico poder ser dona do meu tempo e geri-lo da forma que mais me convinha, depressa esse passou a ser também o meu maior desafio.

Trabalhava a partir de casa há largos meses, tinha a mente a borbulhar com novas ideias, mas os resultados estavam muito aquém do que tinha sonhado. Ao avaliar o que poderia estar na origem disso, apercebi-me que a minha produtividade estava muito longe dos mínimos exigidos para ter sucesso.

Este é outro dos desafios que descobri ser comum a muitos empreendedores. A disciplina para gerirmos o nosso próprio tempo e otimizá-lo da melhor forma possível.

Os dias têm 24 horas. Todos temos exatamente o mesmo número de horas num dia. Li, uma vez, que o tempo é a coisa mais democrática que existe. E não poderia ser mais verdade, a todos nos é dada a mesma quantidade de tempo. O que muda é a forma como o utilizamos. E aquilo que pode parecer a maior bênção de todas, de quando nos tornamos empreendedores pode tornar-se rapidamente no nosso maior desafio: sermos donos do nosso Próprio tempo.

Muitos dos empreendedores que acompanho começam por ser empreendedores em *part-time*, ou seja, começam a desenvolver em paralelo um negócio enquanto mantêm o seu emprego por conta de outrem. Assim conseguem o espaço de tempo necessário para alcançarem um rendimento que lhes permita transformar aquele *part-time* num negócio a tempo inteiro. E é interessante observar a disciplina e o foco que muitos têm nesta primeira fase em que fazem um esforço desmedido para conciliar a vida agitada com um novo negócio. E mais interessante, ainda, é perceber como assim que passam a trabalhar no seu negócio a tempo inteiro, perdem muitas vezes essa disciplina que lhes permitiu chegar onde chegaram.

"Sinto-me muito menos produtiva agora que vivo exclusivamente do meu negócio do que quando tinha ainda o meu emprego a tempo inteiro," confessou-me a Susana numa das nossas sessões.

A Susana é uma das minhas empreendedoras exemplares. Durante nove meses trabalhou diariamente no seu negócio, com um foco e disciplina implacáveis. Conseguiu igualar o seu ordenado em menos de um ano o que lhe permitiu despedir-se e dedicar-se a cem por cento ao seu projeto de vendas online.

Poucas semanas depois começou a surgir a frustração.

"Não estou habituada a ter todo este tempo para dedicar ao meu negócio. Perco-me numa série de coisas que devo fazer em casa".

Tranquilizei-a e partilhei que eu própria tive esse mesmo desafio.

A verdade é que levamos a vida habituados a ter alguém que nos diz o que temos de fazer. Em pequeninos são os nossos pais/educadores que assumem esse papel, depois os professores e mais tarde os 'chefes'.

E quando nos vemos pela primeira vez donos do nosso tempo surge a dúvida: E agora o que fazer?

Não há ninguém a dizer o que devemos fazer, quando fazer ou como fazer. E isso pode tornar-se desconcertante a quem toda uma vida contou com essa orientação.

É o que eu chamo Empreendedor ao sabor do vento.

Sempre proclamei a liberdade como a minha bandeira. Em nome dessa liberdade fiz uma mudança de 180 graus na minha vida, não antecipando que essa liberdade iria tornar-se o meu maior desafio.

A procrastinadora que existia em mim passou a usar a liberdade como disfarce para 'empurrar com a barriga' uma série de coisas que tinha para fazer e levar o dia ocupada em atividades que não eram produtivas. Ser

Empreendedor ao sabor do vento pode parecer uma ideia maravilhosa, mas acredita que na prática é meio caminho andado para fracassar.

A minha agenda tinha passado a ser definida por mim e quando trabalhava em casa facilmente me distraia. Por exemplo, estava a trabalhar no escritório e ia à cozinha petiscar qualquer coisa e lembrava-me que tinha uma roupa na máquina e dava por mim perdida nestas coisas pequeninas, mas que me ocupavam imenso tempo.

Às vezes acabava de almoçar e não me apetecia ir logo trabalhar e ia descansar um pouco e ver televisão e assim se passava mais uma hora. Era frequente chegar ao final do dia com a sensação de dia não produtivo.

Nessa altura comecei a falar com outros empreendedores e apercebi-me que não era um problema só meu, havia muitas pessoas que passavam exatamente pelo mesmo.

De repente somos os nossos próprios patrões, mas nunca aprendemos a ser patrões, quanto mais de nós próprios.

Nessa altura comecei a perceber que não estava a tratar o meu negócio como um negócio. Se queria que os meus clientes me vissem de forma profissional eu própria tinha de tratar o meu negócio com esse profissionalismo. Conseguia organizar o meu tempo quando ia dar, por exemplo, uma formação, porque tinha de estar em tal sítio a tal hora, mas quando estava em casa e queria fazer as coisas acontecerem, dava por mim a deixar tudo para a última hora. Se tinha uma formação que ia dar no fim de semana, só a preparava na quinta ou na sexta-feira, e isso causava-me stress e jurava que nunca mais voltaria a deixar as coisas para o último instante, mas na próxima oportunidade o comportamento repetia-se.

Comecei a ver que essa falta de planejamento e disciplina estavam a prejudicar os resultados do meu negócio.

Na altura cheguei a associar essa falta de disciplina ao fato de trabalhar em casa. Empenhei-me em procurar um espaço de trabalho. Cheguei mesmo a abrir um espaço com mais quatro colegas e tínhamos esse local onde não tínhamos um horário fixo, mas havia o compromisso de ter que lá estar todos os dias. Esse compromisso ajudou durante algum tempo, mas a grande transformação deveria ser feita dentro de mim.

Sou uma procrastinadora nata. Quem me conhece profissionalmente ri-se quando digo isto e diz que não acredita porque veem a quantidade de coisas que faço. Sim, é verdade, hoje sou, sem dúvida, uma pessoa de ação, considero-me produtiva, mas a minha tendência natural é procrastinar. Este livro que tens nas mãos foi das coisas que mais procrastinei até hoje, até tomar vergonha na cara, de ter toda a gente a perguntar quando saía o livro.

Encontrei uma forma de acabar com a procrastinação, uma espécie de 'tratamento de choque' que comigo funciona. Apliquei-o também com os meus empreendedores e a coisa parece funcionar. Já te conto o que é.

Antes disso, gostaria que refletisses sobre isto.

Se continuares a fazer o que tens feito vais ter os resultados que desejas na tua vida e no teu negócio?

Se não estás a ter os resultados que queres é porque alguma coisa tem de mudar e essa mudança passa por começares a dedicar mais do teu tempo e da tua energia àquilo que te vai colocar no rumo dos teus objetivos.

Começa com esta ideia: *"Troca ser ocupado por alguém que atinge resultados".*

Esta frase de Peter Drucker mostra-nos que o fato de estares sempre ocupado não significa que estejas a ser produtivo ou que estejas a atingir os teus objetivos. É importante perceberes com o que é que tens ocupado o teu tempo, a tua energia e a tua ação ao longo dos últimos meses, das últimas semanas e dos últimos dias.

O que acontece é que atualmente a gestão do tempo aparece sempre como um problema a resolver. *"Eu não tenho tempo"* é das frases que geralmente mais ouço. E como é que algumas pessoas parece que têm tempo para tudo e outras parece que não têm tempo para nada? Se todas as pessoas têm as mesmas 24 horas por dia, os mesmos sete dias por semana, os mesmos 30 dias por mês e os mesmos 365 dias por ano?

A grande diferença não é o tempo, porque esse já percebemos que todos temos igual. A grande diferença é a forma como empregas a tua energia nesse tempo.

Esta é a grande questão para conseguires reprogramar o teu foco. Coloca o teu foco naquilo que é realmente importante.

Começa por examinar o teu dia e entender onde andas a aplicar a tua energia. Analisa de que formas organizas o teu tempo de trabalho? Usas uma agenda ou, por outro lado, és daquelas pessoas que acha que não precisa de agenda porque tem tudo na memória?

Posso dizer-te que essa é uma das maiores desculpas que eu já ouvi.

Pensa comigo: será que vale a pena estares a cansar e a ocupar a tua memória com coisas que tu podes colocar numa agenda ou num aplicativo no teu celular? Como empreendedores não podemos correr o risco de esquecer uma das nossas fantásticas ideias. Lembra-te que uma ideia pode ser aquilo que te vai fazer mudar de vida. Pode ser a ideia que tu precisas para colocar o teu propósito em ação e teres o sucesso que tu desejas. Então, vale a pena colocares em risco uma ideia por que decidiste não a anotar e confiaste na tua memória?

Não me parece!

Eu sou uma adepta das anotações. Se estiver na rua e ver alguma pessoa ou situação, se ler um livro, ou ver um filme, que naquele momento me dão inspiração para eu criar algum conteúdo, eu imediatamente escrevo aquilo. Por que? Porque naquele momento lembrei-me daquilo e se for preciso passadas algumas horas já não me vou lembrar de todos os pensamentos que associei àquela ideia. Muitos dos meus vídeos, artigos, áudios, saem, assim, de ideias que me surgem no dia a dia.

Anota tudo. Usa um caderno, ou as anotações num aplicativo do celular. Assim, sempre que precisares de algum material, de definir ações que queres fazer, não precisas de criar o teu momento de inspiração ou aguardar que a inspiração apareça. Imediatamente vais aceder a essa informação que tens à mão por teres anotado ao longo dos últimos dias e assim vais mais facilmente conseguir produzir material alinhado com as tuas ideias.

É importante que comeces a fazer uma reflexão sobre a forma como usas o teu tempo.

Lembro-me de me auto enganar no início e partilhar com as minhas amigas como era maravilhosa a minha nova vida onde decidia os meus horários. Mas, os resultados, estavam muito longe do que eu desejava.

Frequentava aquelas formações de gestão do tempo e saía de lá com um plano impecável, cheio de cores, objetivos, e listas de tarefas, mas passado algum tempo voltava ao mesmo.

Tinha que encontrar algo que funcionasse para mim.

E isto é algo muito importante. Nem sempre as estratégias que funcionam para outros são as melhores para ti. Tenho empreendedores que adoram agenda eletrônica, outros que não passam sem a agenda de papel, há quem cole *post-its* na parede, e outros que só funcionam com o Trello — ferramenta de organização digital.

Encontra o teu método. Tens de ter um. É imperativo que haja um método, algo para seguires.

No meu caso é a agenda. Hoje não passo sem ela. Tudo, tudo o que faço está na minha agenda. Há uns anos descobri os *Planners* 90 dias e foi amor à primeira vista. Deu muito certo comigo que, pouco tempo depois, criei o meu próprio *Planner* 90 dias específico para empreendedores e lancei o *Planner* Biz+ — *Planner* 90 dias em português, específico para empreendedores. Faço planejamentos a 90 dias, o tempo necessário para vermos resultados concretos, e ao mesmo tempo, não demasiado tempo para desmotivarmos no caminho. Gosto de um planejamento simples, mas que tenha a certeza que vou cumprir.

Não começo os meus dias sem um planejamento diário.

Lembro-me que de início fazia de conta que alguém me tinha dado aquele plano diário e que se não cumprisse era despedida. Pode parecer algo sem nexo, mas aquela pressão, ajudava-me a focar. Sou rigorosa com os meus horários, mesmo sendo a minha própria 'patroa'. Levanto-me sempre no mesmo horário. Normalmente na parte da manhã dedico às atividades onde preciso de uma maior concentração: preparar conteúdos, responder a emails importantes. E depois de almoço a atividades mais rotineiras, responder aos comentários dos meus grupos online, fazer telefonemas, enviar emails menos importantes. Atualmente só ando ao sabor do vento quando eu decido, por exemplo quando vou de férias.

Sem disciplina, sem consistência, as coisas não acontecem. O mais importante, por incrível que pareça, para não se ir ao "sabor do vento" é o planeamento. É fundamental sabermos exatamente o que queremos alcançar.

Imagina onde queres estar daqui a um ano.

- O que desejas alcançar?
- Quanto dinheiro queres ganhar?
- Quantas pessoas gostarias de ter a trabalhar contigo?
- O que tens de fazer daqui a seis meses para isso acontecer?
- E daqui a três meses? E daqui a um mês?

Há uma frase que gosto muito que diz: "Não planejar o sucesso, é planejar o fracasso". Se nós não nos planejamos para ter sucesso, o fracasso é bem provável.

Se acordarmos de manhã e não soubermos o que vai acontecer no nosso dia, estamos à mercê das circunstâncias e isso é estarmos a deixar que seja o nosso negócio a governar-nos e não sermos nós a governar o nosso negócio. Eu preciso de acordar de manhã e saber como vai ser o meu dia.

Normalmente planeio 60 por cento do meu dia e 40 por cento ficam para imprevistos. Aprendi esta técnica porque quando comecei a fazer um planeamento diário, e acontecia alguma coisa que eu não tinha previsto, sentia-me frustrada por chegar ao final do dia com o plano por cumprir. Estes 40 por cento dão-me essa margem, e se não acontecer nenhum imprevisto aproveito para trabalhar em projetos que tenha e adiantar trabalho, por exemplo criar mais conteúdos, escrever o livro, etc.

Gosto de definir os chamados mínimos diários, ou seja, independentemente dos imprevistos que acontecerem durante o dia destaco sempre quais as três prioridades do meu dia. Posso deixar uma lista interminável de coisas por fazer mas essas três têm que estar feitas. Isto permite-me chegar sempre ao final do dia com aquela sensação de 'missão cumprida'.

"A DIFERENÇA ENTRE O SUCESSO E O FRACASSO É O PLANEJAMENTO."

ANA CRISTINA ROSA

DESPERTANDO O EMPREENDEDOR COM FOCO

Uma das coisas que percebi quando comecei a trabalhar a sério esta questão do foco foi a facilidade com que me conseguia distrair com o mundo lá fora, principalmente as notícias que apareciam diariamente na TV e redes sociais.

Já te deves ter apercebido que as notícias que aparecem diariamente na comunicação social e nas redes sociais nem sempre são as mais positivas nem aquelas que deverias ler para te sentires num estado de otimismo, motivação e inspiração, pois acabas por 'bombardear' a tua mente com coisas que não são positivas para ti.

Sim, neste momento, deves estar a pensar "Ana, mas eu preciso de me manter informado para me manter atualizado".

Como sabes fui jornalista e tinha essa obrigação de me manter informada sobre as notícias do país e do mundo. Quando deixei o jornalismo e criei o meu negócio comecei a aperceber-me de que todas aquelas notícias que eu lia, via e ouvia, não estavam a contribuir para a minha mente ser uma mente poderosa e otimista.

Deixei de ler notícias nos jornais, deixei de ver notícias na televisão e deixei de ouvir notícias na rádio. Comecei a fazer esta 'dieta' há vários anos e posso dizer que foi o melhor que eu fiz. Claro que acabo por saber o que se passa no mundo, porque nas redes sociais é quase inevitável não o saber, mas já não o procuro ativamente.

Pensa no estado de evolução do ser humano. Habituamo-nos a sempre que a nossa mente deteta um perigo, nos colocarmos em estado de alerta para nos conseguirmos proteger. Então, se tu estás sempre a minar e a alimentar a tua mente com estes perigos e situações que te causam medo e preocupação, a tua mente vai estar sempre em estado de alerta e a tentar proteger-se.

Em momentos como este, que tu queres avançar rumo ao teu negócio, tudo o que vai vir à tua mente serão as notícias que tens estado a ouvir nos últimos tempos. *"Vai ser difícil", "vai ser perigoso, tens de te proteger", "não vais conseguir, não vais avançar", "estamos em crise".*

Tudo isto são informações que não podes dar à tua mente, pois isto é o oposto daquilo que tu queres para a tua vida. Começa a alimentar a tua vida com ideias positivas, com livros que te inspirem, vídeos e áudios que te motivem.

Atualmente com toda a informação que tens disponível, com a rapidez com que essa informação se movimenta e com o excesso de informação a que temos acesso, é fácil conseguires aceder àquilo que é realmente importante para ti.

Desafio-te então a que faças uma dieta de notícias de televisão, jornais e revistas, notícias da rádio e internet. Aproveita e começa também a substituir aquele tempo que reservavas por dia para ver televisão, por livros e cursos e outras informações que te inspirem. Garanto-te que em menos de uma semana começarás a notar a diferença. Não podemos mudar a realidade nem estas notícias, porque efetivamente as coisas existem, mas podes escolher a forma como nutres a tua mente e a tua vida.

Isto não é ser egoísta, é conseguirmos munir-nos de ferramentas que nos ajudem a chegar lá fora e fazermos a diferença no mundo, como eu estou, neste momento, a fazer na tua vida com este livro.

Tudo o que partilho aqui contigo são estratégias para começares a trocar o Empreendedor ao sabor do vento pelo Empreendedor com foco.

Começa por criar na tua mente a visão clara do que queres alcançar. O teu grande porquê tem de estar sempre presente por detrás de tudo isto. Eu quando comecei a organizar o meu tempo tinha sido mãe há pouco tempo, e esse era o meu grande porquê, queria ter mais tempo para passar com a minha filha, queria criar um negócio que me permitisse trabalhar onde e quando eu quisesse.

Se não tens um grande porquê, não tens um motivo forte o suficiente para organizares a tua agenda. Certamente irás começar com grande entusiasmo e daqui a uma semana ou duas já não estás a fazê-lo.

Dedica-te diariamente aos teus objetivos. Não deixes que passe um dia sem trabalhares naquilo que é importante para ti.

Quando estiveres nesses momentos, cria o teu 'castelo' e não permitas que nada interrompa o teu foco. Toda a tua energia e atenção estão focadas naquilo que estás a fazer naquele momento. Eu por exemplo, quando estou a produzir algo importante, coloco o celular no silêncio, desligo notificações de redes sociais e email no PC, e trago para perto de mim tudo o que vou necessitar para produzir o máximo naquele bloco de tempo.

Se vais dedicar uma hora a trabalhar no teu projeto, então durante uma hora tu sabes que vais estar focado nesse trabalho e evitas interrupções. Se estiveres a trabalhar num sítio com outras pessoas, pede que não te interrompam. Se estiveres a trabalhar em casa, pede o auxílio das pessoas à tua volta, a quem eu chamo de aliados na gestão do tempo, para que não te interrompam naquele espaço de tempo e assim conseguires estar realmente dedicado a esse projeto.

Tens de ter esta disciplina e para que isso aconteça tens de ter o teu foco muito claro. Não podes fazer estas tarefas apenas e só por fazer. Vais fazer estas tarefas porque elas fazem parte da tua agenda e a tua agenda está definida e alinhada com aquilo que é o teu propósito.

Revê constantemente as tuas metas. Faz uma revisão semanal do teu plano. Como correu? O que ficou por fazer?

Questiona-te se procrastinaste alguma coisa e se aquilo que estás a fazer te vai realmente ajudar a atingir o teu objetivo. E se te estás a dedicar a tarefas prioritárias ou secundárias.

Define metas semanais. Foi assim que escrevi este livro. Tinha como objetivo escrever no mínimo dez páginas por semana. Então, tinha de organizar o meu tempo de forma a conseguir escrever essas dez páginas e chegar ao final da semana com o objetivo concretizado.

Ao concretizares estas ações não te foques na execução da tarefa em si, mas sim na recompensa, na concretização final. A cada tarefa pergunta-te: "O que é que esta tarefa me vai trazer?".

Quando estás a fazer determinada tarefa, em vez de estares focado em coisas menos positivas desse dia, deves pensar que se continuares a fazer isso todos os dias, onde é que poderás estar daí a uns tempos? Quanto dinheiro estarás a gerar com o teu negócio? O que poderás estar a criar na tua vida e na vida das pessoas que amas? Que reconhecimento terás com isto?

O que vais fazer quando estiveres verdadeiramente a viver do teu negócio?

Foca-te nos ganhos e não na 'dor' do momento.

A grande diferença é o trabalho de bastidores. Não é por acaso que apenas uma pequena percentagem da sociedade tem sucesso e vive alinhada com aquilo que é o seu propósito de vida. Já li estudos que dizem que apenas dez por cento das pessoas é que vivem assim. Queres fazer parte desses dez por cento? Então tens de fazer o caminho para lá chegar. É bonito quando observamos o sucesso e vemos o resultado, mas não vemos todo o trabalho de bastidores que está por trás.

Lembra-te que "os aplausos que recebemos no palco são o resultado de anos e anos de trabalho nos bastidores". Esta frase de Tony Robbins significa que quem está de fora vê apenas o sucesso, o momento em que tu sobes ao palco, e nunca em momento algum viu os momentos de trabalho e dedicação, de esforço e superação de obstáculos que tu superaste nos bastidores.

Sonhar com o palco é muito fácil, olhar para alguém ali e imaginarmo-nos lá também é muito fácil. Agora, o que está no caminho entre um e outro é que vai fazer a diferença entre aqueles que conseguem resultados e aqueles que apenas gostariam de lá chegar.

Há pouco falei-te numa estratégia 'tratamento de choque' que passei a usar. Esta é, sem dúvida, uma das minhas preferidas. É aquilo que chamo "compromisso público". Como funciona?

Quando sei que tenho um objetivo com grande probabilidade de procrastinar anuncio-o com data publicamente, nas redes sociais, aos meus clientes, amigos, etc. Foi assim que tirei da gaveta os meus programas online, foi assim que terminei este livro. Quando assumimos um compromisso não só connosco, mas com alguém, a pressão para fazermos algo é muito maior. Por isso se andas a procrastinar alguma coisa, pousa o livro e vai já às tuas redes sociais anunciar o teu próximo passo.

ANA CRISTINA ROSA

APRENDENDO A PALAVRA NÃO

"A Ana é a mulher dos mil projetos."

Sempre ouvi isto de todos à minha volta. Mas se pode parecer um elogio a quem ouve assim sem contexto, a verdade é que era mais uma critica. Tal como em criança frequentava todo o tipo de atividades, quando me tornei empreendedora a coisa não melhorou, pelo contrário, dizia que sim a todos as propostas que apareciam. Hoje observando vejo que por característica da minha personalidade sempre tive uma sede voraz de experimentar coisas e um medo tremendo de perder oportunidades. Quando me tornei empreendedora criei o cenário perfeito para dar asas a esta minha veia multifacetada.

Sempre tive uma grande dificuldade em dizer que não.

SIM! SIM! SIM! era a minha resposta a todas as propostas que recebia. Como sempre fui uma pessoa entusiasta era fácil partilhar ideias com meio mundo e dali nascerem ideias de parcerias e projetos inovadores.

Nunca mais me esqueço, um dos fins de semana que mais marcou a minha vida. Era empreendedora há cerca de cinco anos e participei numa formação intensiva de Eneagrama — ferramenta de autoconhecimento baseada no estudo da personalidade —. Embora já conhecesse aquela ferramenta, aquele fim de semana foi revelador. A minha personalidade era descrita como uma viciada em novos projetos. Nada que eu não soubesse, mas naquele dia tocou-me de uma forma diferente. Regressei a casa, sentei-me e comecei a escrever em quantos projetos estava envolvida. Entre o meu próprio negócio, parcerias, voluntariado, associações, dispersava a minha atenção diária em 11 projetos diferentes. Foi chocante. Tinha-me envolvido em tanta coisa nova nos últimos tempos, mas não tinha noção de que eram assim tantas. Tomei uma decisão que me tirou noites de sono. Parar com todos aqueles projetos que dispersavam a minha energia e focar numa única coisa. E foi assim que três meses depois nasceu o meu primeiro programa online.

É tão fácil quando começamos a empreender nos deixarmos levar pelo entusiasmo de novos projetos, deixarmo-nos levar pelas solicitações do mundo à nossa volta. O cliente que telefona a qualquer hora, o colega que teve uma ideia fantástica que quer partilhar connosco, o amigo que quer ajuda no negócio, etc.

empreender sem desculpas

E é aqui que entra o SUPERFOCO em ação, quando te disciplinas a fazer em primeiro lugar tudo aquilo que é importante para os teus objetivos, a focar a tua energia somente naquilo que pode ser única e exclusivamente feito por ti.

Hoje chovem diariamente convites, propostas, pedidos de parcerias, e embora alguns sejam bastante aliciantes, faço sempre a mesma pergunta:

— Isto vai retirar-me algum foco daquilo que defini como objetivo para este momento?

Se a resposta for *sim*, recuso delicadamente.

Cada vez é-me mais fácil fazer este exercício. O que noto é que à medida que o meu compromisso comigo aumenta, assim aumentam os meus resultados.

Foca-te e encontra o motivo pelo qual estás a fazer tudo o que te propões diariamente e ignora tudo aquilo que te possa tirar o foco.

A RETER...

- Se não controlas o tempo ele controla-te a ti.
- Se não planejares o sucesso, abres portas ao fracasso.
- Não te concentres na dor do que tens de fazer, mas sim na recompensa que isso te vai trazer.

PERGUNTAS que fazem despertar o melhor Empreendedor que há em Ti:

- Onde queres chegar? Qual a tua visão para a tua vida e o teu negócio?
- Como vais organizar a tua semana, o teu dia, para alcançares os teus objetivos?
- Como e com quem te vais comprometer?

ANA CRISTINA ROSA

MANTRA EMPREENDEDOR
"A diferença entre o sucesso e o fracasso é o planejamento."

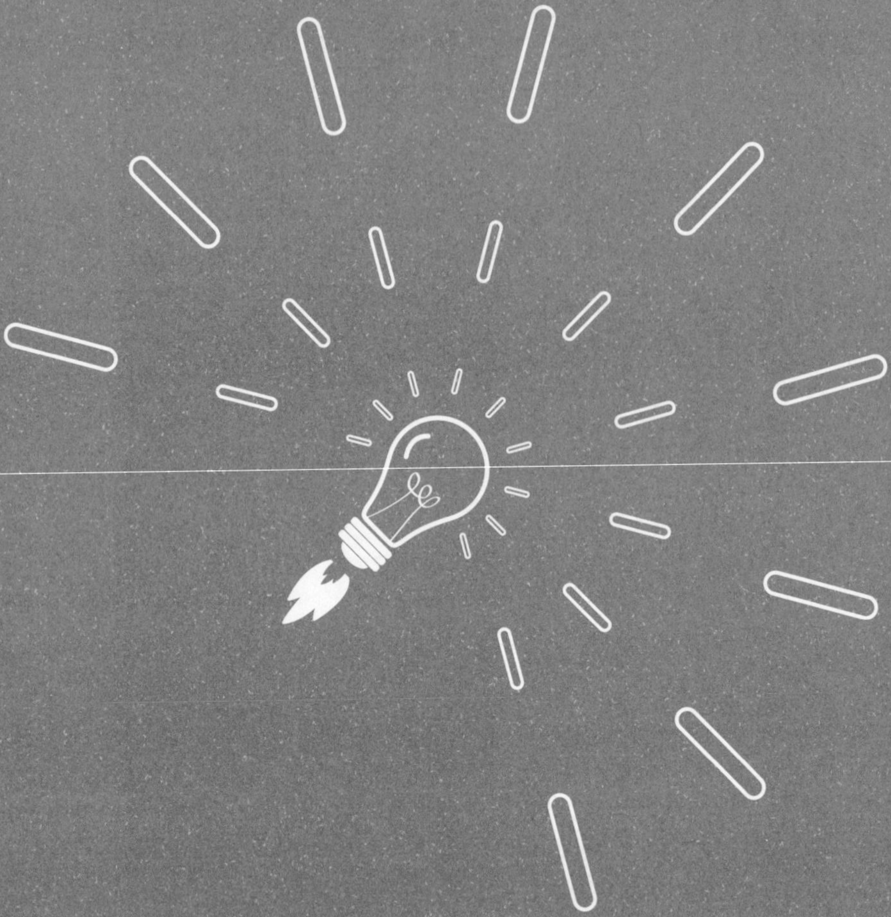

III. EMPREENDEDOR DE SOFÁ VS. EMPREENDEDOR EM AÇÃO

Havia uma ideia que não me saía da cabeça. Lançar um curso online. A ideia parecia o próximo passo lógico. As coisas no presencial estavam finalmente a compor-se, conseguia cada vez chegar a mais pessoas e com isso vieram também os dias muito ocupados. Precisava de criar um inovador modelo de negócio.

Criar um negócio online era, sem dúvida, a solução. Mas... "E se não correr bem?"

"E se as pessoas não gostarem?"

"E se eu não conseguir criar a mesma proximidade que crio no presencial?" Tudo isto e muito mais me passava pela cabeça.

Ia lançado um vídeo aqui, outro ali, tinha um canal no Youtube, e por aí ia. Uma vez depois de um pequeno vídeo que publiquei no Facebook, entrei numa farmácia perto de casa e a rapariga que eu já conhecia, disse-me:

— Já a vi hoje.

E eu:

— Como assim? Acabei de sair de casa. E ela:

Vi o vídeo no Facebook logo de manhã.

Fiquei em pânico! Acho que dentro de mim, queria acreditar que ninguém via. Aquele episódio em vez de me motivar veio reforçar em mim a crença de que tinha que aperfeiçoar mais a coisa, tinha que ser mais profissional, afinal havia realmente pessoas a ver.

Precisava de uma câmera e microfone profissionais, tinha de investir em mais umas formações de especialização, tinha que aprender a trabalhar nos programas de edição, tinha que arranjar o escritório para ter um cenário para as filmagens, etc.

empreender sem desculpas

A lista era infindável.

Mas, havia algo mais por trás de tudo isto... e o pior é que eu o sabia.

Estava a procrastinar porque tinha medo de fracassar, tudo o resto eram desculpas.

Passava os dias a pesquisar, a estudar, a imaginar os meus cursos online.

Estava a agir como uma Empreendedora de sofá. "Este fim de semana vou fazer mais um curso".

"Este é mesmo aquele curso que preciso para ter mais autoridade e ser reconhecida na área, antes de avançar".

Todos os fins de semana eram passados a fazer formações. Os livros acumulavam-se na mesa de cabeceira, uma sede imensa de aprender mais, de saber mais. Sempre tive uma fome voraz por aprender coisas novas, mas este apetite tornou-se numa fome desmedida quando criei o meu negócio próprio. Queria saber mais, e queria aprender mais, era o que dizia a mim mesma. Mas toda aquela sede de conhecimento escondia a verdade: tinha medo de avançar. Eu queria muito fazer acontecer, mas ainda me faltava muita coisa. O nome de todas estas 'desculpas' é medo.

Sim, medo!

Todos nós temos medo, a grande diferença está em paralisarmos com o medo ou avançarmos com medo mesmo.

Uma vez li uma frase que dizia: "A paixão começa onde a nossa zona de conforto termina", ou seja, enquanto estamos na nossa zona de conforto o medo vai ser sempre muito maior. É um círculo vicioso, eu não avanço porque tenho medo, mas o fato de não avançar não afasta o medo, pelo contrário só o aumenta.

O medo está lá e nunca vai desaparecer, é constante na nossa vida, e empreender não deixa de ser diferente. A grande diferença está em avançarmos mesmo tendo medo ou em ficarmos parados.

O tempo foi passando e o meu desejo mantinha-se.

Entretanto engravidei, tive a minha Laura e mais uma desculpa de que aquele não era o momento. Se não o tinha feito antes muito menos agora com uma bebê.

"Criar programa online" continuava no topo da lista de objetivos que fazia no início de cada novo ano.

E assim se passaram três anos. 2016.

Decidi que aquele iria ser o ano. Já não suportava olhar para aquele objetivo por concretizar no topo da lista. Sentia-me uma fraude. Afinal eu ajudava pessoas a concretizarem objetivos. O que se passava comigo? Onde estava aquela Ana que tinha jogado ao ar uma carreira promissora por um negócio sem garantias?

CHEGA!!!

Deste ano não passa. Durante quase seis meses gravei vídeos, editei, voltei a gravar, voltei a editar e finalmente decidi lançar ao mundo o meu primeiro programa online.

Que emoção!!!

Lembro-me como se fosse hoje. Havia combinado com o Artur um super jantar de celebração na sexta-feira à noite. Ia ser um sucesso. Tinha que ser um sucesso. Tanto tempo de preparação. Merecia os melhores resultados. Enviei o primeiro email para a minha lista às nove horas da manhã a contar a grande novidade e deixei um pequeno botão para inscrição no curso.

Aguardei uma hora, duas horas, ... quatro horas... seis horas...Perdi a conta à quantidade de vezes que fiz *refresh* na página de pagamentos a ver se alguém se tinha inscrito.

Nesse dia deitei-me desanimada, mas expectante com o dia seguinte. Enviei mais emails.

E ao fim de umas horas caiu a primeira venda. Iupiiiiiii!!! Estava a acontecer.

Essa primeira venda iria tornar-se na única venda que fiz nesse lançamento, em que faturei um total de 17 euros.

Cancelei o jantar de celebração.

As 'vozinhas' voltaram a atacar em força. Afinal ainda não estava preparada o suficiente, tinha que pesquisar mais, tinha que aprender mais, tinha que estudar mais marketing...

empreender sem desculpas

Eu já havia adquirido tanto conhecimento na altura. Eu sabia que o problema não estava no objetivo, mas sim na estratégia. "Nunca alteramos o objetivo, alteramos a estratégia para lá chegar". Mas isso não impediu de me voltar a fechar e colocar aquele objetivo de lado durante mais um tempo. Afinal "as coisas até estavam a correr bem no meu negócio presencial". Se calhar "aquela coisa de online não era uma ideia assim tão brilhante."

Hoje, este é um dos episódios preferidos dos meus empreendedores digitais quando partilho a minha história. Hoje sei que precisava de ter passado por este episódio, a juntar a todos os anos anteriores de desafios atrás de desafios, para ter uma história para contar, para mostrar que mesmo quando as coisas não correm logo como queremos, é só sinal de que temos que continuar a fazer, e a fazer, e a fazer mais ainda.

Se pensarmos bem, eu diria que é impossível não fracassarmos. Aliás, nós deveríamos estar habituados a fracassar. Basta olharmos para a nossa evolução: ninguém conseguiu começar a andar logo na primeira vez que tentou, ninguém foi um ciclista perfeito na primeira volta de bicicleta, ninguém ganhou um Prêmio Nobel da Literatura ao aprender as primeiras letras. Agir, persistir e não desistir fazem parte do nosso ADN. No entanto, essa resiliência, parece que a vamos perdendo ao longo da vida, e o fracasso torna-se uma espécie de 'bicho-papão'.

Há uma frase brilhante do Thomas Edison que diz: "Eu não falhei dez mil vezes, eu descobri dez mil formas de fazer uma lâmpada não funcionar". Tudo é uma questão de perspetiva.

Nas minhas comunidades de empreendedores observo com muita curiosidade esta questão. Vejo comentários do gênero: "Fiz um lançamento online e tive sete alunos, ficou muito aquém do que esperava, correu mal". E vejo outros que dizem: "Fiz um lançamento online e tive sete alunos, foi uma grande aprendizagem, no próximo vou pegar no que aprendi e fazer ainda melhor".

Mesmo resultado, perspetivas diferentes.

Podes olhar para alguma coisa que correu mal como um fracasso ou olhar essa mesma coisa e pensar que foi uma aprendizagem, pois agora sabes que daquela forma não funciona. Mas esta forma de olhar a vida não é natural, tem de ser trabalhada.

Eu tinha levado anos a adiar a concretização do meu objetivo, porque achava sempre que ainda faltava qualquer coisa e quando tomei coragem fracassei.

O que achas que a minha mente me disse?

"Vês eu tinha razão, ainda não estavas preparada".

E é aqui que está a armadilha.

A preparação é importante sim, mas só te vais aperceber do que realmente precisas, do ingrediente secreto para a receita do sucesso, quando te colocas em ação.

Depois de anos a preparar-me, a ler sobre o assunto, a tirar cursos, nada me ensinou tanto como esse lançamento falhado.

Percebi que a minha comunicação não tinha chegado às pessoas: Tinha de aprender sobre comunicação no mundo digital. Percebi que não sabia nada sobre plataformas de cursos online: deveria descobrir quais as melhores soluções para o meu negócio. Percebi que quase não tinha usado as redes sociais para divulgar o meu curso: Precisava de me debruçar sobre o assunto e aprender sobre marketing nas redes sociais.

Ainda que eu tivesse uma ideia de que estas coisas eram importantes, só naquele lançamento é que percebi realmente como não dominava o assunto. Este medo de fracassar e o perfeccionismo andam de mãos dadas. E quando finalmente avançamos e as coisas não correm como desejaríamos, o que é perfeitamente normal quando fazemos algo novo, reforçamos a crença de que é preciso aperfeiçoar mais ainda. "Quero empreender, mas ainda não tenho tudo perfeito." Mas será que algum dia vai estar perfeito? Essa é que é a grande questão.

Eu trabalho com muitos empreendedores e apercebo-me que esta questão do perfecionismo é muitas vezes vista como uma coisa boa e acaba por ser utilizada como uma desculpa não consciente, porque a pessoa não tem noção que está a fazer aquilo e que está a utilizar aquilo como uma desculpa para não avançar.

O perfecionismo é uma desvantagem no mundo dos negócios. Enquanto esperamos, outros avançam. E aquilo que parecia ser a ideia mais inovadora de todos os tempos, torna-se uns tempos depois apenas mais uma.

"Mais vale feito, que perfeito" é um dos meus mantras preferidos. Não quer isto dizer que devemos fazer as coisas sem brio, sem preparação, mas fazer perfeito? Isso não existe. Vamos aperfeiçoando no caminho.

Só quando fazemos é que nos apercebemos que havia este ou aquele detalhe que tem de ser diferente. Aquilo que idealizamos é sempre diferente na prática. Só no 'terreno' é que percebemos que afinal vamos precisar de mais recursos, de mais conhecimentos, de mais técnicas, de mais ferramentas.

Avançar no dia em que estiver tudo perfeito é uma utopia. É o tal medo de falhar disfarçado de busca pela perfeição.

Participo regularmente em eventos de empreendedorismo um pouco por todo o mundo. Nestes eventos tenho conhecido empreendedores com muitos resultados, e tenho-me apercebido que, independentemente dos resultados que cada um tem, este 'medo' é comum a todos.

Eu participava num destes eventos em Dublin quando uma das oradoras decidiu propor uma dinâmica e pediu que todos se levantassem. O exercício consistia em ficarmos durante algum tempo, em silêncio, a olhar nos olhos de alguém que não conhecíamos.

Senti-me logo um pouco desconfortável com a ideia, peguei na câmera para começar a tirar fotografias e assim 'fugir' ao exercício mas... estava sem bateria. "Ok não faz mal, vou tirar fotos com o celular".

Já todos estavam sentados com uma pessoa à frente, prontos para iniciar.

Ao último instante chega um participante que não tinha par:

— Importas-te de fazer par com ele? — perguntou-me a oradora.

— Sim claro — respondi. "Não acredito nisto", pensei.

Sentei-me à frente do meu par. Eu conhecia aquela cara. Era alguém que sigo online há algum tempo, alguém que admiro.

Cerca de 30 segundos apenas a olhar nos olhos. Ele estava ainda mais constrangido do que eu, decidi ajudá-lo, fiquei a olhá-lo nos olhos com um sorriso e disse-lhe baixinho: "— Don't worry, it's weird for me too". E fomos descontraindo. Passamos à segunda parte do exercício, onde um de nós tinha de falar e o outro, apenas, ouvir.

A primeira pergunta foi: "Que medos te têm impedido de avançar?" Ele falou primeiro e começou a desabafar e a partilhar, para minha surpresa, os mesmos medos que eu sentia. Tinha conquistando tanta coisa nos últimos anos, mas sentia-se a estagnar, queria fazer algo diferente, mas tinha receio de prejudicar o que já tinha ao dispersar a atenção. As expetativas dos outros eram altas, etc.

Aquele momento foi marcante.

Ali estava um empreendedor de topo, alguém que fatura milhões em lançamentos online, que tem livros publicados, uma referência, a dizer exatamente o mesmo que eu sentia.

Naquele momento caiu-me a ficha.

Eu não era uma fraude. O fato de eu ajudar pessoas a superarem os seus medos e a alcançarem os seus objetivos não me tornavam menos humana. Eu também tinha medos, e era normal.

Termos sucesso não nos torna imunes à dúvida, ao receio. O exercício continuou com outros pares. E foi maravilhoso ver que havia um ponto comum entre todos naquela sala. A dúvida e o receio, mas ao mesmo tempo a vontade imensa de usar esse medo como um trampolim para aquilo que queriam alcançar e não como um sofá de desculpas onde se fica acomodado.

O medo é bom, aparece apenas quando decidimos fazer diferente, quando ousamos sair da nossa zona de conforto e abraçar os desafios que nos propomos para alcançar os nossos sonhos.

Reflete:

> Como andas a usar o medo na tua vida:
> Como um trampolim que te ajuda a ganhar impulso até ao teu objetivo ou como um sofá onde permaneces sentado à espera que o medo passe?

O exercício terminou e a oradora pegou num copo encheu com água e perguntou: Se eu continuar a encher este copo o que vai acontecer? Vai derramar certo? O que pretendo eu mostrar com este exemplo?

A resposta era clara. Muitas vezes buscamos incessantemente encher o copo com novas aprendizagens, conhecimento, através de livros, cursos, etc. Mas não deixamos espaço para a nossa própria experiência. A nossa própria experiência é o maior dos Mestres. Quantas vezes pensamos que precisamos de mais conhecimento para passar à prática, quando já sabemos tanto. Mas o medo de não sermos capazes faz-nos procurar mais informação, mais conhecimento. É importante e fundamental buscares informação, conhecimento, inspiração em livros, cursos, pessoas que admiras.

Mas tudo isso só fará sentido quando colocares em prática e aprenderes a partir da tua própria experiência.

Perdi a conta à quantidade de cursos que já fiz até hoje. Juntando à Licenciatura, Pós-Graduação, Mestrado, centenas de livros lidos... Tudo isto abriu-me a mente, deu-me conhecimento, claro que sim. Mas as maiores aprendizagens, essas, eu as fiz na ação. Essas lições aprendi-as com os erros e tentativas.

A experiência é, sem dúvida, o mais sábio dos Mestres.

Como já disse, fracassar faz parte do processo. Em cada fracasso ganhamos uma aprendizagem. Mas sabias que não temos só medo do fracasso? Existe também o medo do sucesso. Sim, leste bem, medo do sucesso.

É um problema que afeta muitos empreendedores, mas poucos sabem o que é. Conhecido como Síndrome do Impostor, diz respeito a um conjunto de sentimentos negativos, como o medo, a dúvida, a apreensão ou a ansiedade, todos eles relacionados com o sucesso. Este termo foi usado pela primeira vez na década de 70, criado pelas psicólogas Pauline Clance e Suzanne Imes. É um medo que surge quando começas a ver os projetos a acontecerem e quando começas a perceber que realmente algo pode mudar na tua vida, levando a que se tenha um medo de tudo começar a funcionar, mas que não estejamos à altura.

Com este medo surge a necessidade de aprofundamento de conhecimentos, através de formações, por exemplo, para ganhar mais segurança em relação ao próximo passo a dar. Este processo do medo do sucesso, porém, é bastante comum. É o momento em que se vê que as coisas estão realmente a acontecer e se sente que o medo de tudo funcionar é maior que o medo de tudo fracassar, pois há mais expectativas para corresponder.

VENCENDO A SÍNDROME DO IMPOSTOR

Há algumas dicas que podes utilizar para ultrapassar esta Síndrome do Impostor.

Investe em ti, descobre-te, olha para dentro, toma consciência das habilidades e talentos que já tens e quais são os que precisas de desenvolver. Evita comparações. Não olhes para as conquistas dos outros, cada pessoa é única e por isso não devem ser feitas comparações com outros, a única pessoa a quem te podes comparar é contigo mesmo. Em todas as pessoas existe a tendência da comparação. Não há ninguém que não o faça. Ou porque alguém já conseguiu algo que ainda não conseguiste, ou porque a pessoa tem aptidão para algo que ainda não tens. Estamos em constante comparação. Pode ser algo que já existe em nós desde crianças, mesmo de forma inconsciente, pois existe uma tendência na sociedade em estar sempre a comparar as pessoas. Quando se chega à vida adulta esta tendência de comparação continua a existir.

A verdade é que não é justo nos compararmos com alguém que teve uma vida diferente da nossa, que tem uma personalidade diferente, que é uma pessoa diferente de nós. As experiências daquela pessoa tornaram-na naquilo que ela é hoje e é normal que qualquer interação e ação que ela tenha gere resultados diferentes dos nossos.

Então não podemos estar a comparar duas coisas que não são iguais, não seria justo. Se tens tendência a comparar, então compara coisas iguais. E sabes qual é a única coisa que é igual a ti? TU!

Não há mais ninguém no mundo exatamente igual a ti, então se é para comparar sejamos justos e vamos comparar com a única pessoa que é comparável, nós mesmos. Reflete como é que podes fazer melhor hoje do que fizeste ontem e como é que podes fazer melhor amanhã. Para mim essa forma de estar e pensar tornou-se um motivador para ser todos os dias, nem que seja um por cento melhor. É muito bom se todos os dias for um por cento melhor do que ontem, por exemplo a desenvolver competências, habilidades, a sair mais da zona de conforto. Ao focar neste um por cento todos os dias, no final do ano será um total de 365 por cento melhor na minha forma de estar.

E por último, procura rodear-te de mentores que te guiem nos próximos passos, de pessoas que já tenham percorrido o caminho que estás agora a percorrer e que tenham alcançado os resultados que queres alcançar.

"TODOS TEMOS MEDOS. A DIFERENÇA ESTÁ NA FORMA COMO OS ENCARAMOS: TRAMPOLIM OU SOFÁ."

ANA CRISTINA ROSA

EMPREENDEDOR EM AÇÃO

Depois do fracasso no meu primeiro lançamento online, decidi que precisava de ajuda. Era uma área completamente nova para mim.

— Vou lançar um curso online a sério até ao fim do ano — disse eu ao Artur enquanto almoçávamos, algures em meados de novembro.

Ele olhou para mim um pouco desacreditado, sempre me apoiou a cem por cento, mas eu já tinha dito aquilo tantas vezes, que, tenho certeza, pensou que era mais uma. Mas eu, claro, sabia que não. Alguma coisa tinha mudado em mim, estava determinada, não ia deixar passar mais um ano com aquele objetivo pendente. Nos últimos meses tinha investido numa Mentoria em negócios digitais e tinha percebido a quantidade de erros que tinha cometido no meu primeiro lançamento.

E assim fiz.

Pouco mais de um mês depois — dia 28 de dezembro — lançava o meu programa online "Descobre".

Tremia por todos os lados.

Será que alguém se iria inscrever?

Será que o que tinha planeado partilhar tinha algum valor? Estaria eu à altura de tal desafio?

Tantos medos, questões e apenas uma única certeza: Não havia volta a dar, tinha anunciado a toda a gente que naquele dia iria revelar uma surpresa.

Às 22 horas iniciei o Webinar —Workshop Online.

Mais de 50 pessoas em sala. Hoje ponho bem mais de mil, mas na altura achei uma multidão. Pensei até ao último minuto, confesso, que talvez não aparecesse ninguém. Pouco tempo depois, porém, começaram as falhas da internet. "Não era possível, eu tinha testado tudo". Várias pessoas começaram a sair do Webinar. Outras foram se mantendo apesar das falhas. Não me conseguiam ouvir.

Continuei com um grande sorriso, mas em pânico por dentro. Repetia várias vezes o que estava a dizer e de uma forma muito atabalhoada lá terminei. Prometi que iria gravar tudo e que no dia seguinte teriam a gravação sem falhas. Nessa noite, porém, não dormi. Gravei tudo novamente sozinha na minha sala como se estivesse a falar para uma multidão. Como resultado, no dia seguinte às nove horas da manhã já todos tinham a gravação na caixa de email.

Seguiram-se dias loucos de diretos, webinars, emails.

E no final — 41 inscrições.

Nem queria acreditar!!! Tinha conseguido!!!

A partir daí foi uma reviravolta muito grande e rápida no meu negócio. Pouco mais de um ano depois já tinha 240 alunos em programas online. E esse número foi sempre multiplicando, cerca de três anos depois eram mais de 750 empreendedores que acompanhava no online. Cresci mais do que nunca. Desafiei-me mais do que nunca. Celebrei e conquistei mais do que nunca.

Semanas depois ainda no rescaldo de tudo o que estava acontecendo caiu-me uma ficha poderosa. Todos aqueles medos tinham como base um pensamento 'egoísta'. Se tinha decidido mudar de vida e se tinha assumido como missão ajudar outras pessoas como me podia ter limitado chegar a elas simplesmente porque estava focada nos meus medos. Todos esses medos pareciam insignificantes quando comparados com o impacto que podia ter na vida dos outros. Aqueles medos tornavam-se tão 'pequenos' quando comparados com o número de pessoas que eu podia impactar.

Estamos tantas vezes tão focados em nós mesmos e no tumulto que se passa na nossa mente que 'esquecemos' a verdadeira razão pela qual estamos a fazer tudo o que fazemos. No meu caso: deixar uma marca no mundo ajudando pessoas a criarem vidas e negócios cheios de propósito.

Convido-te a refletir sobre tudo aquilo que neste momento te pode impedir de avançar. Avalia com honestidade todas as razões que te impedem de dar o próximo passo, seja ele qual for. Age antes de estares preparado. Os casos de sucesso que conheces não são de pessoas que estavam cem por cento preparadas, que tinham todo o conhecimento, que tinham um plano irrepreensível, mas sim de quem fez, quem se chegou à frente e AGIU.

A Ação deve vir antes da coragem para agir, não ao contrário.

A vozinha na tua mente vai insistir. "Não é a hora certa"

"Tenho que esperar até..."

"Ainda não tenho conhecimento suficiente."

Manda-a a calar. O mundo está à tua espera, coloca-te em ação, o sucesso tem uma regra simples: está guardado para todos aqueles que vão a jogo e mesmo após sucessivas derrotas não abandonam o campo.

A RETER...

- O medo não vai passar nunca, podes avançar com medo mesmo ou paralisar para sempre.
- Mais vale feito do que perfeito.
- Fracassar nada mais é do que aprender a fazer as coisas de uma forma diferente na próxima vez.

PERGUNTAS que fazem despertar o melhor Empreendedor que há em Ti:

- Qual o objetivo que tens na tua lista que andas a adiar há demasiado tempo?
- Quais as maiores lições que tiraste de todas as vezes que as coisas não correram da forma que querias?
- O que precisas neste momento para te colocares em ação?

MANTRA EMPREENDEDOR

"Todos temos medos. A diferença está na forma como os encaramos: trampolim ou sofá."

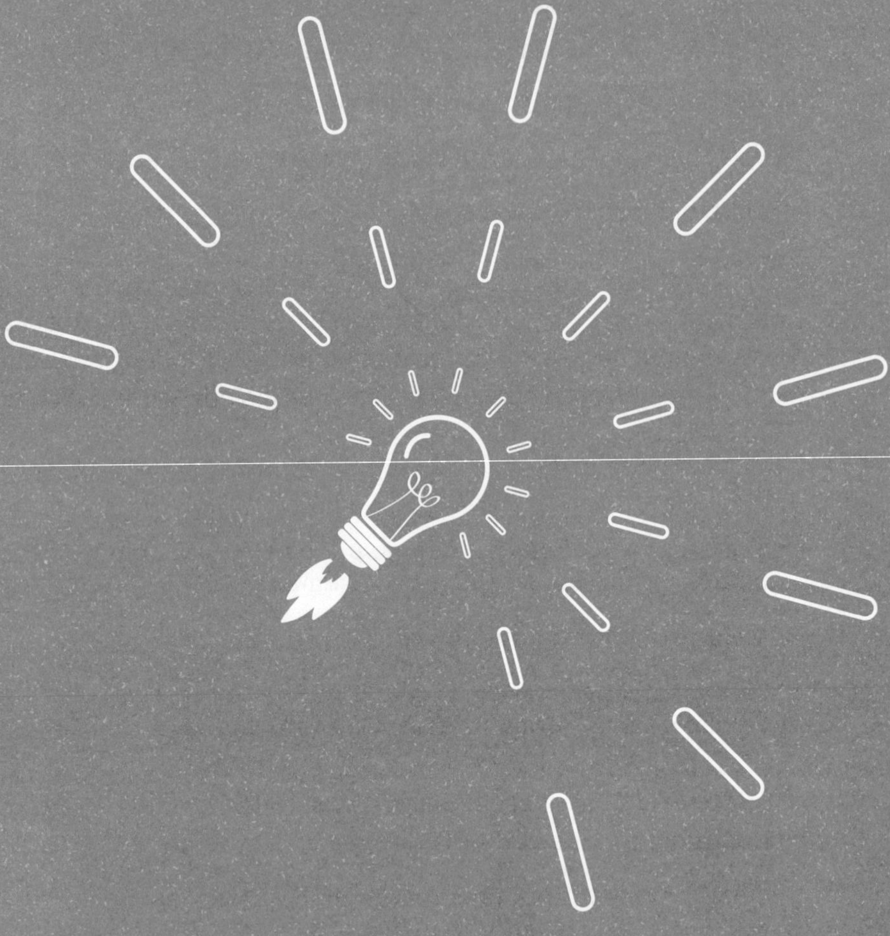

ANA CRISTINA ROSA

IV. EMPREENDEDOR APAGA-FOGOS VS. EMPREENDEDOR LÍDER

Eram 17 horas, já tinha respondido a emails, já tinha emitido faturas, já tinha atendido três telefonemas de pessoas a pedirem mais informações sobre os meus programas, tinha criado uma imagem para as minhas redes sociais e tinha organizado uma tabela em Excel com os contatos dos interessados na próxima formação.

Este era o cenário comum em grande parte dos dias nos meus primeiros anos de empreendedora. Passava o dia ocupada entre tarefas e assuntos pendentes, mas muito pouco dedicada aos grandes projetos, às ideias novas que queria implementar.

Quando comecei a trabalhar como empreendedora, o que pensei e idealizei é que iria trabalhar somente naquilo que me apaixonava, mas cedo constatei que com esta posição vinham muitas outras funções. Telefonista, designer, produtora de conteúdos, recepcionista, comercial, contabilista, etc.

Afinal aquela ideia de criar um negócio e levar os dias a fazer somente o que nos apaixona não correspondia de todo à realidade.

No 'pacote' do empreendedorismo vem um pouco de tudo. Ser empreendedor não é trabalhar apenas naquela área que escolhemos. Temos que fazer outras coisas, mas aqui podemos cair na armadilha de querer fazer TUDO, ou pior, achar que somente quando é feito por nós é que fica bem feito. Tornamo-nos facilmente escravos do nosso próprio negócio e eis que surge em cena o Empreendedor apaga-fogos.

Certa vez, liguei a câmera do Zoom. Já lá tinha a Filipa à minha espera.

Parecia cansada.

— Nunca trabalhei tanto na minha vida —, começou por me dizer. E continuou. — Ana não faço mais nada, nunca pensei que criar o meu negócio desse tanto trabalho. Passo todo o tempo que tenho a pesquisar conteúdos, a criar imagens e textos para as redes sociais. Na semana passada até comecei a criar sozinha o meu próprio site, mas eu não percebo nada daquilo, tenho perdido noites inteiras. E o pior, ainda não tive um único cliente.

Sorri com compaixão.

Como eu conhecia aquele discurso. Como eu tinha sentido na pele tudo o que a Filipa partilhava comigo.

— Filipa tudo isso é normal, mas vamos deixar algumas coisas bem claras. Tudo isso não é negócio, isso são os bastidores do negócio. O negócio começa quando temos clientes. Quanto tempo estás a dedicar ao contato com clientes, a participar em eventos, a angariar contatos nas redes sociais?

A Filipa ficou a olhar para mim e respondeu a meia voz.

— Zero. Não tenho dedicado tempo algum a isso. Não consigo.

Este é um cenário comum no início de um negócio. No meu caso, este foi um dos meus maiores desafios.

Durante muito tempo, demasiado tempo, já com um negócio com bons resultados continuava a ser eu a fazer praticamente tudo. Sempre tive uma grande dificuldade em delegar. Sentia que se as coisas não fossem feitas por mim não funcionavam da mesma forma.

Olhava o meu negócio como um 'filho' e acreditava que ninguém iria fazer da mesma forma que eu, ninguém iria cuidar com a mesma dedicação. Existem muitas mães que quando têm um bebé acreditam que mais ninguém vai cuidar tão bem dele como ela: só ela reconhece o choro, só ela sabe colocá-lo a dormir, só ela sabe dar o banho como deve ser.

Assim estava eu com o meu negócio.

Passava os dias a tratar de papelada, a organizar contatos, a fazer telefonemas. Mas onde estava a verdadeira razão pela qual eu tinha criado tudo aquilo? Dedicava-lhe apenas uma pequena parte do meu tempo.

Aquilo tinha de mudar.

A Laura estava crescendo, eu tinha voltado à ativa tinha ela dois meses. Havia dias em que saia de casa às oito horas da manhã e regressava à hora do jantar. Ser mãe sempre tinha feito parte dos meus planos de vida desde pequenina, as brincadeiras de infância com a minha irmã oscilavam entre as senhoras de negócios e as mães. Curioso perceber agora como não colocávamos as duas no mesmo pacote, ou brincávamos ao faz de conta com uma secretária cheia de papelada em que assumíamos o personagem de uma empresária de sucesso ou vestíamos e dávamos de comer às nossas bonecas fazendo de conta que éramos mães.

Esta divisão acontecia na minha vida, parecia que tinha que optar constantemente entre construir um negócio de sucesso e ser mãe. Queria passar mais tempo com a minha filha, queria ter tempo para desfrutar de cada sorriso, de cada momento, e um sentimento de culpa enorme me enchia o peito por não estar a consegui-lo. Comecei a cair como que por um tubo em espiral, sem saída de emergência. Cada mês que passava acreditava que quando despachasse o trabalho que tinha em mãos, no mês seguinte teria finalmente mais tempo. Mas o trabalho parecia multiplicar-se, e parecia estar a começar a perder o controlo da coisa mais preciosa que queria ter naquela fase, o meu TEMPO.

O grande problema, apercebi-me um pouco mais tarde, não era somente a quantidade de coisas que tinha para fazer, mas o fato de querer fazer tudo sozinha.

Defendo muito a autonomia, pois enquanto empreendedores é importante sabermos gerir as várias vertentes do nosso negócio, mas é vital aprender a delegar. E esta foi uma lição dura de aprender. Resisti até não poder mais a esta ideia, acreditando com uma esperança ingênua que no mês seguinte as coisas correriam melhor. Hoje vejo que sofria da síndrome da Empreendedora mãe, aquela que acredita que ninguém cuidará tão bem do seu 'filho', entenda-se negócio, como ela própria.

Mas a verdade, é que é humanamente impossível estarmos presentes em todas as frentes. Se queremos crescer no nosso negócio temos que criar parcerias, e encontrar pessoas em quem podemos delegar para que nos possamos dedicar àquilo que só pode ser feito por nós.

Por exemplo no meu negócio eu posso delegar a resposta aos emails, as chamadas telefônicas, o agendamento de publicações nas redes sociais, a contabilidade, o design do meu site, mas não posso delegar as aulas que dou aos meus alunos, os vídeos que faço onde apareço a dar dicas e a partilhar conteúdos. Mas eu colocava tudo isto no mesmo saco, e tratava tudo com o mesmo grau de importância.

A pergunta chave em cada tarefa que tens para cumprir é: Isto tem que ser feito obrigatoriamente por mim? Se sim, coloca na tua lista de tarefas importantes, se não, coloca na lista de tarefas a delegar.

Voltando à minha conversa com a Filipa.

Nesse mesmo dia definimos que ela iria contratar alguém para lhe fazer o website e criar um pacote de imagens para que começasse a marcar presença nas redes sociais. À medida que o negócio avançasse iria contratar uma assistente virtual para lhe ajudar a gerir a agenda e responder a emails.

Hoje em dia, conseguimos começar um negócio com um pequeno investimento. Mas é essencial que tenhas algum dinheiro para investir num site, num logótipo, etc. Vejo todos os dias empreendedores perderem meses de trabalho a tentarem dominar uma área que não é a sua e a roubarem tempo àquilo que lhes vai gerar dinheiro.

"FAZER TUDO SOZINHO É COLOCAR LIMITES AO CRESCIMENTO DO MEU NEGÓCIO."

ANA CRISTINA ROSA

EMPREENDEDOR LÍDER ASSUME A SUA POSIÇÃO

O Nuno sentou-se à minha frente e em menos de dez minutos percebi, de imediato, o que se estava se passando. Foi fácil, pois não era a primeira vez que ouvia um discurso semelhante.

"Durante o fim de semana tenho que ir à empresa para ver se está tudo a correr bem. A minha mulher fica chateada porque mesmo quando vamos de férias estou sempre ao celular. Mas a Ana entende não é. Patrão fora, dia santo na loja".

Os ditados populares têm um forte papel na formação das nossas crenças. Enraízam-se nas entranhas do nosso subconsciente. Assumem-se como verdades absolutas.

A verdade é que se queres fazer crescer o teu negócio mais cedo ou mais tarde vais precisar de alguém.

É natural que numa fase inicial tenhamos de estar presentes: para dar o rumo ao barco, para perceber para onde queremos e devemos ir. Mas, se queres crescer, em alguma altura vais ter de formar uma equipe.

Um dos desafios que propus ao Nuno foi ficar o fim de semana inteiro sem ir à empresa. Não poderia telefonar. Se precisassem dele para algo urgente com certeza que lhe telefonariam. No sábado à noite, mandou-me uma mensagem: "Ana ainda não me ligaram, deve ter acontecido alguma coisa".

Incrível a nossa mente e os filmes que fazemos.

Claro que, quando lá chegou na segunda-feira, estava tudo em ordem e o negócio corria nos conformes.

Este é um erro comum. Pensarmos que por sermos os 'donos' do nosso negócio é importante que saibamos desempenhar todas as tarefas, e pior sermos nós a executá-las.

Dentro de um negócio, por menor que ele seja, há diversas áreas que devem ser desenvolvidas: financeira, criação e produção dos produtos/

serviços, comunicação, marketing, comercial. Numa fase inicial é bem provável que consigas fazer tudo, mas à medida que o negócio cresce tens que delegar obrigatoriamente algumas dessas tarefas. Este é um passo importante muitas vezes adiado.

"Quando tiver mais dinheiro contrato alguém." "Quando encontrar a pessoa certa."

"Quando começar o novo projeto."

Outras vezes esse passo até é dado, mas o medo de delegar continua a existir.

"Faço mais rápido e melhor."

"Não tenho tempo para explicar."

Não se deve ter medo de delegar. O teu negócio não poderá ser para sempre apenas e somente gerido por ti. Estás a limitar o teu crescimento. Por muito que te esforces não consegues aumentar as 24 horas que tem o teu dia, mas se tiveres mais uma pessoa a trabalhar contigo essas 24 horas serão 48 horas, e se tiveres mais duas pessoas serão 72 horas por dia. Percebe a dimensão do que podes alcançar.

"O melhor líder é aquele que se consegue fazer sentir presente mesmo quando está ausente," é uma frase poderosa. É este líder que tu queres ser, é este o negócio que tu queres criar.

Para se criar um negócio de sucesso é preciso estarmos acompanhados. Consegues pensar nas grandes marcas e empresas que conheces? Pensa em pelo menos três marcas que consideres gigantes. Quantas pessoas achas que fazem parte dessa empresa? Seria possível tudo isso ser feito por uma única pessoa? Teriam o sucesso que têm?

Será que Mark Zuckerberg teria alcançado o sucesso que tem hoje o gigante das redes sociais — Facebook — sem uma equipe a trabalhar com ele? Steve Jobs já morreu e a Apple continua de vento em popa. E olha que Jobs chegou a ser despedido da sua própria empresa porque tinha dificuldade em trabalhar em equipe.

Mesmo que não ambiciones ser uma dessas marcas, tenho a certeza que queres ter um negócio que te apaixone, e que te dê, ao mesmo tempo, liberdade de tempo e dinheiro. E para isso não podes estar sozinho, porque no dia em que, por algum motivo, tivesses que parar, ou porque estarias doente, ou porque irias de férias, o teu negócio pararia também.

Torna-te, então, um Empreendedor líder.

Ninguém é insubstituível. Aprender a delegar é um processo que carece de aprendizagem. Não se trata apenas de arranjar alguém para fazer o trabalho. É necessário definir claramente o que se pretende que a outra pessoa concretize. Quais as metas, quais as ações específicas e objetivos de cada uma delas. Isto acompanhado de feedback constante e alguma tolerância. Ninguém é perfeito e a pessoa precisa de aprender a fazer o que pretendemos.

Estás a delegar tarefas, não responsabilidades. Começa por delegar tarefas simples. Identifica aquelas tarefas que te tiram mais tempo e que poderiam ser executadas por outra pessoa. Para te motivares e cederes à necessidade de controlo de seres tu a fazer tudo, pensa no tempo que vais ganhar ao delegar essas tarefas. Pensa no que vais poder fazer com esse tempo ganho.

Já partilhei contigo que este foi, sem dúvida, um dos meus maiores desafios. Não foi fácil abrir mão do controlo de ser eu a fazer tudo. Mas a verdade é que me surpreendo cada vez que delego. Por exemplo, sempre gostei muito de escrever e achava que só eu é que podia escrever os meus artigos, porque era a minha voz, e hoje em dia tenho uma pessoa a trabalhar comigo que ouve os meus áudios e os meus vídeos e transforma-os em artigos e é incrível como eu olho para aqueles artigos e penso que se os escrevesse pelas minhas palavras não saíam melhor, porque está ali aquilo que eu queria dizer.

Tenho-me surpreendido pela positiva e este delegar poupa-me imenso tempo, se fosse preciso demorava uma hora com um artigo e agora consigo criar um áudio em cinco minutos que é depois transformado num artigo e em publicações para as redes sociais.

Ter foco é crucial, colocar a nossa energia e atenção naquilo que tem mesmo de ser feito por nós e munirmo-nos de pessoas que nos ajudem no resto.

Numa fase inicial de negócio a justificação de que não temos dinheiro para contratar alguém é a mais usada. Eu compreendo, mas podes começar com coisas simples. Por exemplo contratares alguém para tratar da tua comunicação nas redes sociais, desenhar um website e logotipo. Contratar, por exemplo, uma assistente virtual para as tarefas administrativas, podes começar com um pacote de dez horas mensais e ir aumentando à medida que o teu orçamento cresce.

Extermina de vez o Empreendedor apaga-fogos e assume o Empreendedor líder que tens dentro de ti. Esse desapego do controle irá permitir-te empregares o tempo e energia ganha naquilo que realmente importa.

A RETER...

- Foca a tua energia somente naquilo que precisa ser feito por ti.
- Delega tudo aquilo que te retira tempo e energia.
- Foca a tua atenção nas coisas que vais fazer com o tempo que vais ganhar.

PERGUNTAS que fazem despertar o melhor Empreendedor que há em Ti:

- Quais as tarefas do teu negócio que podem somente ser feitas por ti?
- Quais as tarefas que poderias delegar?
- Onde vais focar a tua energia com o tempo que vais ganhar a delegar?

MANTRA EMPREENDEDOR
"Fazer tudo sozinho é colocar limites ao crescimento do meu negócio."

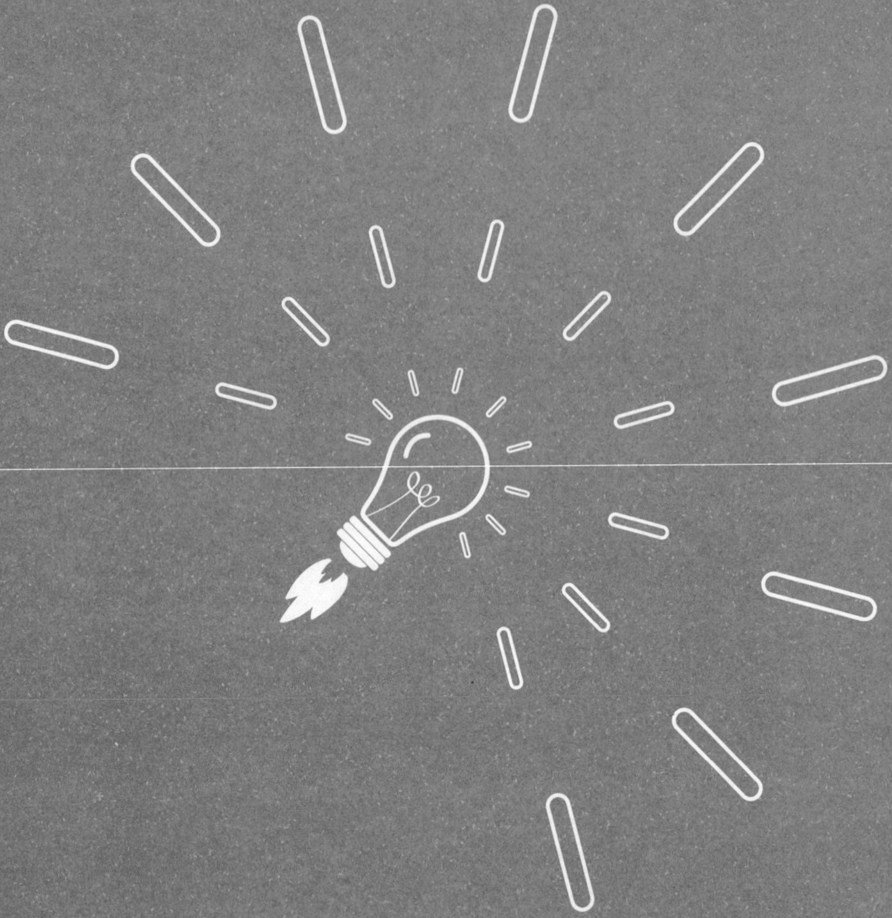

V. EMPREENDEDOR EMPREGADO VS. EMPREENDEDOR EMPREENDEDOR

"Quanto estás a ganhar por mês?"

Esta era uma pergunta frequente nos meus primeiros tempos de empreendedora, principalmente por parte da minha família.

Eu nunca sabia o que responder.

De todos os perfis empreendedores que apresento aqui talvez este seja aquele que eu menos fui. Toda aquela ideia de liberdade — sem patrões, sem horários — sempre fizeram parte do meu ADN, trabalhar para alguém não fazia parte dos meus sonhos. Já conheci várias pessoas felizes na sua vida de empregados. Mas nunca foi para mim.

No entanto, este é um dos traços mais vincados que vejo em muitos dos meus empreendedores.

A Liliana é uma das minhas empreendedoras. Uma vez em conversa fizemos contas e viu que tinha ganho em quatro meses o que ganhava num ano no seu trabalho.

— Mas Ana, no meu emprego este ganho é fixo, sei exatamente quanto vou receber no final do mês.

Esta falsa ilusão de que quando trabalhamos por conta de outrem temos algo seguro é algo que faz com que muitos empreendedores fiquem pelo caminho quando numa fase inicial começam um negócio próprio enquanto ainda mantêm um emprego a tempo inteiro. E digo falsas, por que? Porque nada te garante que amanhã terás esse emprego, nada te garante que a empresa decida reduzir pessoal e te mande embora, nada te garante que não apareça uma crise e a empresa tenha que reduzir custos e lá vai o teu emprego seguro à vida.

empreender sem desculpas

No empreendedorismo não há um ordenado fixo. Não há uma garantia absoluta de quanto vais ganhar nos próximos meses. Não há subsídio de férias, nem de Natal. Não há feriados ou folgas pagas a dobrar.

Não há nada disso, porque és o teu próprio patrão.

Claro que atualmente com o negócio que criei consigo fazer uma estimativa bastante real de quanto vou faturar nos próximos seis meses e no próximo ano.

Mas não foi assim durante alguns anos.

Quando dinamizava os meus workshops presenciais, chegava a ter um workshop por mês, às vezes enchia a sala, outras vezes tinha dois ou três participantes.

Como poderia responder à pergunta de "quanto ganhas por mês?".

Comecei a fazer uma média. A cada seis meses fazia uma média de quanto tinha ganho.

Mas não havia aquela segurança, não havia a certeza.

E esta é uma das coisas que não funciona no empreendedorismo. Querer empreender com mente de empregado. Quando somos empreendedores não basta ter uma paixão e criar um negócio, temos que ter propensão ao risco, temos de estar dispostos, se for preciso, a gastar num mês mais do que aquilo que ganhamos. Temos que estar dispostos a aceitar numa semana parecer que tudo corre bem e na semana seguinte nada correr como esperávamos. Podemos colocar todo o nosso tempo e energia numa ideia, e nada sair como previmos. Existem alturas em que podemos trabalhar catorze, dezasseis horas por dia e alturas em que podemos tirar três meses de férias.

Não há comparação possível.

Por isso o meu conselho. Se queres empreender ou se já empreendes, desliga a mente do empregado, porque aqui o patrão és tu. E desligar essa mente de empregado e começar a pensar como um empreendedor pode acontecer ainda antes de seres um empreendedor a tempo inteiro.

Antes de começar a trabalhar exclusivamente só com empreendedores, trabalhei durante vários anos com pessoas em transição de carreira. Tinham chegado ao ponto do "não dá mais" e queriam um novo rumo profissional.

Muitas chegavam a esse ponto de saturação após um esgotamento no trabalho, após anos e anos de insatisfação. Algumas viam essa hipótese de empreender após um despedimento forçado, uma maternidade ou uma doença. Poucas decidiam fazê-lo aos primeiros sinais de insatisfação.

No cenário ideal esta transição deveria ser feita de uma forma planejada. Aos primeiros sinais de insatisfação e a vontade de criar um negócio próprio começar a criar um plano B, enquanto se continua a manter o plano A, neste caso o plano A é o emprego que dá o tal rendimento fixo. E apenas quando o plano B for rentável o suficiente, abandonar o emprego e dedicar-se em exclusivo ao novo negócio.

Claro que se existir uma excelente rede de apoio por trás e a pessoa sentir que não há problema em desistir do seu plano A, então ótimo pois o tempo que vai dedicar é muito maior e os resultados vão ser muito mais rápidos. Mas, na maior parte das vezes as pessoas com as quais eu trabalho não têm essa rede de apoio, então aquilo que eu defendo é que essa transição deve ser feita de uma forma planeada e segura.

Podemos querer muito trabalhar nas nossas paixões, mas se a nossa segurança não estiver garantida não nos conseguimos focar naquilo que gostamos de fazer. Defendo que devemos seguir a nossa mente intuitiva, mas aqui a mente racional tem um grande peso. Já conheci várias pessoas a tomarem a decisão de empreender de cabeça quente e depois entrarem naquela média, que passados três anos ou mesmo no primeiro ano, acabam por desistir e dizer que o empreendedorismo afinal não é para si.

Estive do outro lado e, se bem te recordas, deixei-me chegar a um ponto de saturação onde o meu próprio corpo começou a dar sinais e a mudança tornou-se urgente. Nos primeiros tempos fui mantendo alguns trabalhos de freelancer como jornalista, mas mesmo estes não eram seguros o que fez com que em muitos meses chegasse ao dia oito do mês sem um euro na conta. Foram tempos difíceis, poderia facilmente ter desistido e não vou dizer que essa ideia não me passou pela cabeça. Havia momentos em que me sentia completamente sem energia para colocar o meu negócio de pé e sei que foi por falta desse planejamento que demorei tanto tempo a alcançar resultados. Hoje tenho empreendedores que começaram a dedicar três a quatro horas por dia ao seu negócio enquanto conciliavam um emprego a tempo inteiro. É desafiante, claro que sim, mas esse planejamento permitiu-lhes dar o salto em segurança e dedicarem-se exclusivamente ao seu negócio, sem medo do futuro.

Esta mudança não é feita da noite para o dia. E é isso que acontece muitas vezes. As pessoas, estão empregadas, decidem largar tudo e tornar-se empreendedoras e não deram tempo à sua mente para se habituar a esta transição. Para que esta transição seja feita de forma segura, normalmente, pela minha experiência, é possível fazer isto num período até um ano, há pessoas que conseguem mais rapidamente, outras que levam um pouco mais. Porque não é apenas começar a ganhar rentabilidade com o negócio, é garantir um negócio com sustentabilidade.

"SOU O CONDUTOR DO MEU NEGÓCIO E POR ISSO DESFRUTO DE CADA CURVA QUE ENCONTRO NO CAMINHO."

ANA CRISTINA ROSA

A MONTANHA-RUSSA DO EMPREENDEDORISMO

Palavras como planejamento, foco, criatividade, são comuns quando falamos de empreendedorismo, mas existe uma que é a minha preferida. MUDANÇA.

Sempre adorei mudança. Mudei quatro vezes de país. Quando regressei a Portugal mudei sete vezes de casa em cinco anos, mudei de trabalho várias vezes. Mudar, Mudar. Essa capacidade de mudar foi um aliado quando comecei a empreender, mas ao mesmo tempo um dos maiores desafios. Descobri que adorava mudar quando eu decidia mudar, quando eu controlava o processo. No entanto, tinha muito pouca tolerância às mudanças sobre as quais eu não tinha controlo. E quando comecei o meu negócio esta mudança estava na ordem do dia. Todos os dias me via obrigada a alterar estratégias, a experimentar novas coisas, sem ninguém me dizer o que fazer ou como fazer. Sentia-me numa montanha-russa constante.

Um dia estava navegando no Facebook e deparei-me com um vídeo de um autor onde era feita uma analogia muito interessante. Dizia ele que quando morremos a nossa linha do coração torna-se numa linha estática, parada e reta e quando estamos vivos essa mesma linha é feita de altos e baixos, com picos em cima, depois em baixo, depois novamente em cima e novamente em baixo. Fez-me todo o sentido, quando se tenta viver uma vida sempre igual, uma vida onde não existem altos e baixos, não se está a viver verdadeiramente, pois quando nos desafiamos, quando saímos da nossa zona de conforto, é nesses momentos que surgem os altos e baixos, é quando se pode ganhar ou perder, é quando vem o medo, a confiança, o sucesso e, por vezes, também o fracasso, é quando se tem sorte ou azar.

Existe sempre esta dualidade de em cima e em baixo. No empreendedorismo também é assim: não é sempre um mar de rosas, nem vai ser sempre tudo maravilhoso. Muitas vezes vão existir momentos em que vais colocar tudo em causa, e outros onde vais perceber que tomaste a melhor decisão de sempre.

Nesses momentos em que as coisas não estão a correr tão bem, são os momentos em que é preciso perceberes que de seguida virá um momento mais positivo e que é nesses momentos que te colocas à prova que tornas possível tudo o que vais conquistar a seguir.

É muito fácil e simples ser positivo e otimista quando tudo corre bem, o mais desafiante é continuar a ser positivo e otimista quando tudo parece correr mal. Por exemplo, examina a tua vida, observa o teu negócio e pensa: neste momento quais é que são os grandes desafios que estás a ultrapassar, quais é que foram os desafios que já ultrapassaste? Agradece todos esses desafios pelo fato de te mostrarem que quando eles existem é porque te estás a permitir viver, é porque te está a permitir sair da tua zona de conforto.

Tal como uma montanha-russa, também a vida é feita de altos e baixos, assim como o nosso negócio. Então esses altos e baixos vão sempre fazer parte do caminho e cabe-nos a nós olhar para eles e mudar a nossa perspetiva, encarar como um fracasso, ou encarar como uma aprendizagem para na próxima vez podermos fazer melhor.

Uma vez durante um evento em que participava um dos oradores sugeriu um exercício que consistia no seguinte: Juntarmo-nos em grupos de três, um virava-se de costas enquanto os outros dois trocavam algum objeto pessoal entre si, quando o outro se voltava a virar tinha que adivinhar o que os dois colegas haviam trocado entre si. Fizemos o exercício duas ou três vezes trocando objetos entre nós. Assim que o facilitador disse que o exercício estava terminado, todos os participantes apressaram-se a devolver os objetos e a colocar de volta os seus.

— Mas eu não disse que era para devolver os objetos — disse o facilitador. O objetivo deste exercício é mostrar que a mudança é algo que nos desconforta, que nos faz 'comichão'... podemos mudar por um bocadinho, mas depressa corremos para aquilo que nos é confortável... às vezes esse 'confortável' já se está a tornar desconfortável, mas pelo menos é familiar, é conhecido....

Das várias vezes em que já fiz este exercício, todos os participantes procedem sempre da mesma forma. Claro que esta pequena brincadeira é apenas um mote para falarmos sobre a resistência à mudança, que em menor ou maior quantidade todos temos.

A ironia de resistirmos à mudança é que a própria vida é mudança. Mudança significa alteração, modificação, transformação... e é isso que naturalmente fazemos todos os dias. Todos os dias mudamos um bocadinho, nada permanece estável, a vida é dinâmica. As únicas coisas que não mudam, são as coisas sem vida. Desde que nascemos a vida é uma permanente mudança.

O que acontece é que quando chegamos ao mundo do empreendedorismo esta mudança é feita de forma acelerada. Costumo brincar de dizer que quando somos empreendedores fazemos numa só vida as aprendizagens de sete vidas. E é isto que assusta muitos empreendedores. A imprevisibilidade, a mudança constante, o não lugar ao comodismo, à estagnação. No empreendedorismo não avançar é andar para trás, tudo acontece rápido e tens que acompanhar esse ritmo. Não há certezas de que aquela é a decisão certa, nem ninguém a quem responsabilizar quando as coisas correm mal.

Afirmo, assim, que é neste momento que o Empreendedor empregado tem os dias contados. Ser empreendedor não é apenas criar um negócio, digamos que essa é a parte mais fácil da equação. Com o empreendedorismo vem um treino intensivo de desenvolvimento pessoal na prática, que nos leva a mudar a nossa maneira de pensar, de agir, de ver a vida. Se observarmos bem, não fomos educados para sermos empreendedores.

Durante alguns anos dei formação em escolas secundárias onde ajudava os adolescentes a definirem os seus objetivos de futuro. A maioria nunca tinha definido objetivos, nem sabia como fazê-lo. Chegamos aos 18 anos, sem nunca nos ter sido ensinado como definir um objetivo, como fazer um plano de ação para alcançá-lo. A mim não me foi ensinada a importância de trabalhar em algo que me apaixonasse, nem fui preparada para falhar. Nos meus tempos de escola sempre fui criticada por questionar. Quando me ensinavam alguma coisa gostava que me explicassem o porquê. Ouvia muitas vezes: "Isso não interessa, é assim e ponto." "Vais fazer assim porque eu digo que é assim. "

Mas o que tudo isto cria?

Respondo! Crianças, mais tarde adultos, que se habituaram a não questionar, que se habituaram a não arriscar. "Não faças isso", "Vê lá se cais", "Podes não conseguir". Essas são frases ditas tantas vezes com uma intenção de proteção, mas que nos impedem de desenvolver as características chaves que nos tornarão empreendedores de sucesso. Resiliência, Persistência, Autonomia, Proatividade.

E sobre estas duas últimas, vejo em muitas situações aquilo que designei por síndrome do pendura. Deixa-me explicar o que quero dizer com isto. Quando vou de carro a algum local sentada no lugar do pendura, raramente me lembro do caminho, independentemente de fazer a mesma viagem várias vezes, simplesmente o meu foco não está em memorizar o caminho. Já quando sou eu a condutora basta-me uma vez para me lembrar do caminho. Isto é uma das coisas que mais puxo nos meus empreendedores — a capacidade de autonomia e proatividade.

Aqui não há ninguém a dizer-nos o que temos de fazer, onde e como fazer. Não há ninguém a definir a nossa agenda. Tudo será definido e feito por nós.

E essa total liberdade que durante tanto tempo desejei, veio carregada de uma responsabilidade que me assustou inicialmente. Mas que hoje vejo como uma das maiores bênçãos da minha vida empreendedora. A responsabilidade total sobre as minhas decisões, a influência direta sobre os meus resultados.

Ser um empreendedor com mente de empregado é saber que existe sempre alguém responsável pelas decisões mais importantes, é esperar que alguém te diga o que tens de fazer. Ser Empreendedor-Empreendedor, assim mesmo duas vezes, é estares sempre na linha da frente, é anteciparas o que pode acontecer, e mesmo assim estares lá para arcar com as consequências das tuas decisões, é seres o comandante ao leme do teu negócio.

E quando alguém nos primeiros tempos do teu negócio te perguntar: "Quanto ganhas por mês?"

Respondes:

"Ganho o suficiente para continuar a fazer o que me apaixona."

A RETER...

- Fomos educados para sermos empregados e por isso temos que despertar o empreendedor dentro de nós.
- Resistir à mudança é resistir à vida.
- Senta-te no lugar do condutor no teu negócio.

PERGUNTAS que fazem despertar o melhor Empreendedor que há em Ti:

- Como reages à mudança?
- Como lidas com a responsabilidade de todas as decisões no teu negócio?
- Consideras-te um empreendedor proativo? Em que situações?

MANTRA EMPREENDEDOR

"Sou o condutor do meu negócio, e por isso desfruto de cada curva que encontro no caminho."

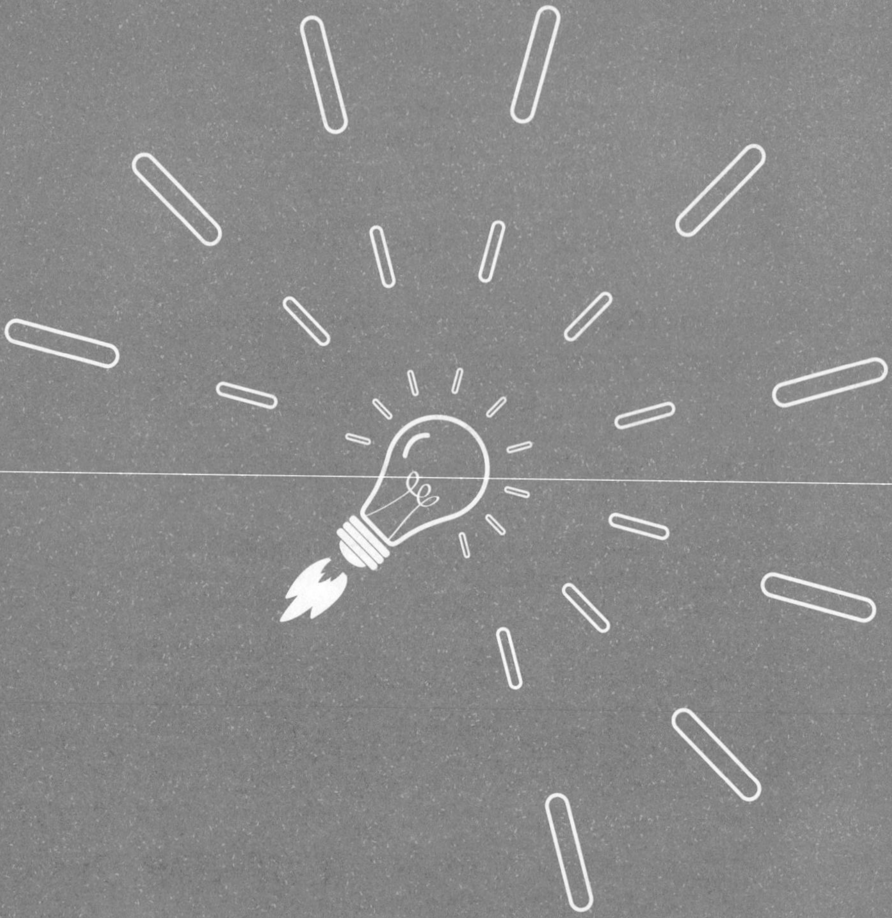

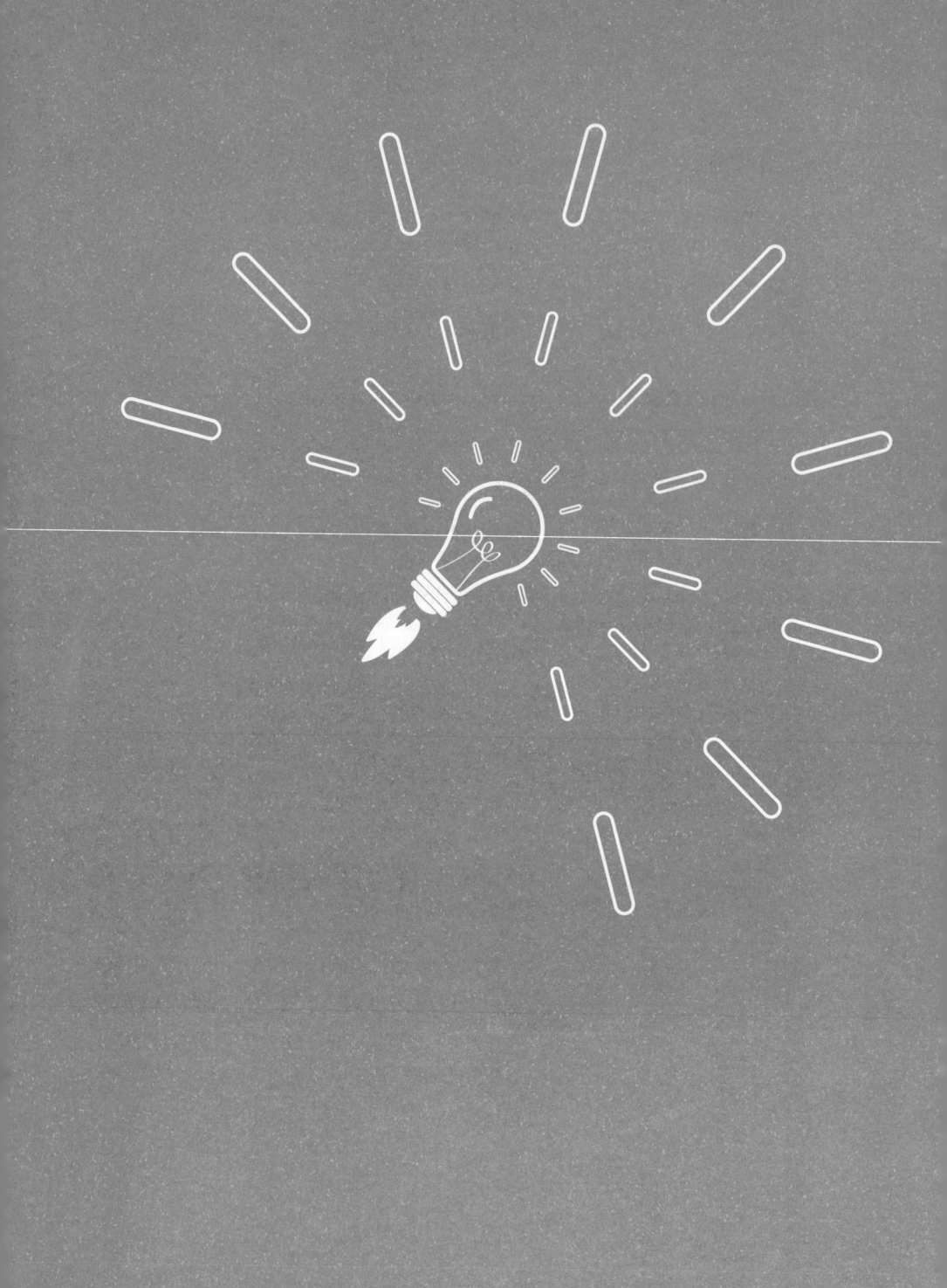

VI. EMPREENDEDOR POBRE VS. EMPREENDEDOR RICO

"Andas sempre tão ocupada, mas não ganhas um tostão".

Perdi a conta ao número de vezes que ouvi esta frase, principalmente por parte da minha irmã. Sempre fomos muito próximas, com apenas 15 meses de diferença, não me lembro da minha vida sem ela. Semelhantes na personalidade intensa e determinada, diferentes na forma como sempre vimos o dinheiro.

Ela sempre disse, desde pequena, que queria ser rica, queria um emprego que lhe desse muito dinheiro, que lhe permitisse viajar e conhecer o mundo e desfrutar de tudo o que a vida tem para oferecer. Eu também sonhava viajar pelo mundo, ter liberdade, queria um trabalho que me apaixonasse, mas o dinheiro não era sequer mencionado nos meus objetivos.

Durante as férias o meu pai tinha por hábito abrir um porquinho mealheiro no final da semana e dava-nos para irmos comprar o que quiséssemos. Eu normalmente gastava tudo e por vezes ainda pedia emprestado à minha irmã.

Quando tivemos o nosso primeiro trabalho de verão, ela conseguiu ganhar mais 20 contos do que eu — mais cem euros —, uma pequena fortuna naquela altura. Fui crescendo com a crença de que o dinheiro não queria nada comigo e com o rótulo de que o dinheiro me voava das mãos. "O dinheiro parece água nas mãos da Ana", ouvia com frequência por parte da minha família. Nunca me preocupei muito com isso, até começar a ter que pagar as minhas próprias contas.

Enquanto trabalhei por conta de outrem o dinheiro ia dando para pagar as contas e alimentar algumas das minhas paixões, como as viagens. Mas o caso mudou de figura quando criei o meu negócio próprio.

"Faço o que gosto, o dinheiro não é importante".

"Estou mais feliz assim do que quando sofria de ataques de pânico todos os dias".

empreender sem desculpas

Estas eram as frases com que eu retrucava quando na família me diziam que o negócio não estava me rendendo nada.

Pouco a pouco fui conseguindo começar a ter algum rendimento com o meu negócio, mas a síndrome do dinheiro voador regressou. Tinha sempre tanta coisa para pagar, tantos cursos onde investir que nunca conseguia ter um mês com dinheiro de sobra.

Tive durante algum tempo que manter, em paralelo, trabalhos como jornalista freelancer para arcar com as despesas.

Apesar de ganhar pouco, sentia-me realizada com o meu novo negócio.

Cada dia era uma dádiva, sentia que tinha nascido para aquilo.

Estava vivendo as minhas paixões, os meus talentos, a contribuir para o mundo. Mas eu sabia que não ganhava o suficiente para poder viver só daquilo.

Tudo fluía, menos o dinheiro.

Um dia durante uma formação em que estava participando fizemos um exercício onde tínhamos que escrever tudo o que representava para nós a palavra dinheiro.

Não julguei e deixei a caneta escrever.

"Não é a coisa mais importante". "O importante é sermos felizes". "Não compra tudo", foram algumas das coisas que escrevi.

No final e após ouvir a partilha de todos os colegas percebi como era mal-amada a minha relação com o dinheiro.

Dentro de mim as palavras propósito e dinheiro não andavam de mãos dadas. Eu acreditava, ainda que de uma forma inconsciente, que o fato de fazer o que me apaixonava era pagamento suficiente. Afinal eu já tinha ganho dinheiro e não tinha sido feliz. E entre ser feliz ou ganhar dinheiro eu escolhia claramente a primeira.

Alerta! Antes de avançarmos.

Se por breves instantes detetaste que também tu já sentiste algo do género, estou prestes a partilhar contigo a maior transformação nesta minha vida de empreendedora — A minha relação com o dinheiro.

E acredita que só escrever sobre este tema, teria sido há uns anos, uma das coisas mais desconfortáveis de todos os tempos.

"Gosto muito do que faço, mas o que ganho não chega para viver".

Como é comum esta frase, quantas vezes a ouço da boca dos empreendedores com que trabalho.

Não podemos falar de empreendedorismo sem falar de dinheiro.

Podes ter uma paixão, mas se não gerares dinheiro com isso, não tens um negócio. Tens um hobbie, um passatempo.

Fui-me apercebendo com os anos que falar sobre dinheiro é quase um assunto proibido. Fica mal perguntar a um colega ou amigo quanto ganha, fica mal dizer que se quer ganhar muito dinheiro, fica mal desejarmos dinheiro.

Um dos primeiros livros que me veio parar às mãos sobre este tema foi "Os Segredos das Mente Milionária", seguiram-se outros como "Pai Rico, Pai Pobre" e "Pense e Fique Rico". A cada coisa que lia 'caiam-me várias fichas', de como muitas das nossas crenças limitadoras em relação ao dinheiro são passadas pelo mundo à nossa volta.

Ouvia, frequentemente, frases do género: "O dinheiro não cresce nas árvores", "mais vale ter saúde do que dinheiro", "o dinheiro não traz felicidade". Isto são frases feitas, mas a verdade é que dentro da nossa mente tudo fica gravado e quando começamos a fazer a nossa vida, a criar o nosso negócio, queremos ter mais dinheiro, mais prosperidade, abundância financeira, mas todas estas vozes vêm ao de cima.

Dentro de ti pode existir uma parte que quer ganhar muito dinheiro, e uma outra parte que te faz pensar se realmente é correto ter a ambição de mais dinheiro.

Estas duas vozes lutam constantemente e refletem-se em processos de autossabotagem que te impedem de ganhares aquilo que realmente vales com o teu trabalho.

"Como vou cobrar por fazer algo que me apaixona?" Esta ideia de que temos que trabalhar para ganhar dinheiro e que as coisas de que gostamos são feitas nos tempos livres como um simples hobbie, torna-se uma armadilha quando decidimos transformar uma paixão num negócio.

"Eu gosto tanto disto que até era capaz de pagar para fazê-lo" foi a minha maior crença durante anos. Não conseguia cobrar justamente por fazer aquilo que gostava. Noto estas crenças principalmente em áreas de desenvolvimento pessoal/terapias. Já ouvi pérolas como "se a pessoa tem um dom não deve cobrar por isso".

Mas, o advogado também tem o dom da comunicação e cobra. O cozinheiro tem o talento de criar pratos deliciosos e cobra. O jogador de futebol tem o talento para jogar à bola e cobra.

Por que que nestas áreas haveria de ser diferente?

Se não cobrares por aquilo que fazes ou se cobrares pouco não poderás continuar a fazer isso para o resto da vida. Terás que ocupar parte do teu tempo com algo que não te apaixona para poderes pagar as contas e tirarás tempo ao teu propósito e às pessoas que podem usufruir dele. Será justo?

Este foi, sem dúvida, um dos meus grandes desafios — valorizar o meu trabalho. Havia uma voz dentro de mim que me dizia que eu era tão sortuda por poder fazer o que me apaixonava que nem precisava de ganhar dinheiro com isso.

Memoriza bem o que te vou dizer: Os nossos clientes valorizam o nosso trabalho na mesma proporção que nós nos valorizarmos.

Como assim?

Grande parte das pessoas não valoriza o seu próprio trabalho e tem dificuldade em pedir dinheiro, em fazer uma venda, em dizer à pessoa que aquele é o preço do seu produto/serviço. Normalmente existe uma tendência em desvalorizar o que oferecem e muitos chegam a desistir do seu negócio porque não estão a ganhar dinheiro.

Uma pergunta que à partida parece tão simples como: "Quanto dinheiro queres gerar com o teu negócio nos próximos seis meses?" Torna-se, muitas vezes, um autêntico desafio de responder.

Já pensaste sobre este assunto desta maneira?
Como é a tua relação com o dinheiro?
Que sentimentos te gera este assunto?

ANA CRISTINA ROSA

Descobri que a maior parte das pessoas tem aquilo que se chama de "teto financeiro". É uma espécie de programação para ganhar determinado valor e às vezes mesmo mudando de emprego, começando um novo negócio, parece que vão sempre ganhar aquele determinado valor. Isto está relacionado com o valor que a própria pessoa se dá, há pessoas que estão programadas para acharem que têm aquele valor no mercado. Este é um trabalho que deveria ser feito por todas as pessoas, porque nós temos o valor e recebemos o valor que nos decidimos dar. Só é preciso mudar o chip.

Esta questão da valorização não foi de todo um processo fácil, mas a pouco e pouco fui alterando a minha percepção.

Ao observar este processo identifico alguns passos chave que me ajudaram a mudar a minha relação com o dinheiro.

O primeiro passo foi a tomada de consciência. Toda a minha relação com o dinheiro era um processo muito automático, não pensava sobre o assunto.

Depois daquele exercício em que escrevi tudo o que me vinha à cabeça quando ouvia a palavra dinheiro, fiquei mais atenta. Comecei a identificar esses pensamentos no meu dia a dia, comecei a recordar tudo o que tinha ouvido sobre o tema desde miúda. Lembras-te? Eu era a Ana a quem o dinheiro voava das mãos, eu vivi com esse rótulo desde pequenina.

Quando falo de dinheiro com os meus empreendedores há um exercício que costumo fazer, que consiste em pedir-lhes para dizerem em voz alta a frase: "Eu gosto muito de dinheiro" e há muitas pessoas que sentem que é constrangedor dizer isto.

Se perguntares a alguém se quer ganhar muito ou pouco dinheiro ninguém vai responder em consciência: "Se puder optar escolho ganhar pouco".

Não é verdade. Esta resposta vem mascarada de crenças e preconceitos em relação ao dinheiro. Depois deste processo de tomada de consciência que não acontece num dia, é algo contínuo, comecei a desafiar cada uma daquelas crenças. A Ana que eu era hoje, a vida que eu queria para mim, para a minha família estava alinhada com aqueles pensamentos antigos e desajustados? Não. Então no que queria acreditar?

Por exemplo em vez de dizer: "Eu não devo cobrar muito pelo meu trabalho, as pessoas não conseguem pagar", passar a dizer "eu mereço ser recompensada monetariamente por trabalhar naquilo que me apaixona fazer e ajudar outras pessoas com isso".

Como vejo o dinheiro hoje?

Para mim o dinheiro é uma energia de troca.

Se alguém lhe deu uma conotação negativa, não foi um problema do dinheiro em si, porque o dinheiro é nada mais, nada menos que uma moeda de troca. Eu promovo um serviço ou ofereço um produto a alguém e aquela pessoa retribui-me pagando.

Por exemplo, eu ajudo alguém a criar o seu próprio negócio e essa pessoa paga-me pelo meu serviço, com esse dinheiro eu vou investir mais na minha formação, vou poder ter mais tempo para dedicar a aprofundar os meus conhecimentos e assim ajudar, ainda mais, pessoas.

Hoje vejo o dinheiro desta forma: As pessoas fazem aquilo que gostam e são recompensadas por isso. Sei que às vezes pode parecer um mundo um pouco utópico, mas se todos nós víssemos o dinheiro desta forma e não como algo negativo, talvez não houvesse o medo de dizer que se quer mais dinheiro. Se isso vai trazer mais conforto a mim e à minha família, se me vai dar a possibilidade de fazer coisas que gosto, porque é que não há de ser uma coisa positiva?

Pouco a pouco as crenças antigas vão perdendo força. Mas não é apenas um trabalho interno, há que passar à fase de teste.

Como fiz isso?

"GANHO
DINHEIRO
NA MESMA
PROPORÇÃO
DAQUILO QUE
ME VALORIZO."

ANA CRISTINA ROSA

EMPREENDEDOR RICO QUE VEM PARA FICAR

Fui durante os primeiros anos do meu negócio a Empreendedora pobre. Acreditava que esse era o preço a pagar para poder fazer o que me apaixonava. Tive que abdicar das viagens que tanto me entusiasmavam, e de uma série de outras coisas que não cabiam no meu orçamento de empreendedora conta tostões.

Ia lendo algumas coisas sobre o tema, mas as crenças dentro de mim eram tão fortes que não dava espaço a desafiar aquilo em que acreditava. É claro que secretamente sonhava ganhar mais, viajar, comprar uma casa com piscina. Apesar de ter cada vez mais trabalho, ganhava pouco. E ganhava pouco porque cobrava muito pouco.

Comecei a falar com alguns colegas que estavam no mercado há menos tempo e percebi que alguns deles estavam a cobrar bem mais do que eu.

Como era possível?

Bem, "eu estava no Algarve e tal as coisas funcionam diferente...", "as pessoas não têm dinheiro...", comecei a dar voz às crenças.

Um desses colegas, contudo, desafiou-me a aumentar o preço dos meus programas.

Aceitei. Não custava tentar.

Dias depois recebi a chamada de um novo cliente. Tinha encontrado o meu site na internet e queria saber mais sobre os meus serviços.

Marcamos a sessão e fui com tudo. No final apresentei um programa de acompanhamento por mil euros. Era o dobro do que eu estava habituada a cobrar. Ele aceitou. Eu não queria acreditar. Era mais do que eu ganhava num mês como jornalista.

Um ano depois já estava cobrando três vezes mais do que cobrava antes. E por incrível que pareça os clientes não desapareceram, pelo contrário passei a ter clientes cada vez mais comprometidos. Acredito que o valor que a pessoa investe também influencia o seu nível de compromisso.

A cada ano fui aumentando os valores dos meus programas, e fui gradualmente multiplicando os clientes e alunos. Hoje cobro facilmente o valor que antes cobrava num mês por uma hora de Mentoria.

Os nossos resultados financeiros são um espelho das nossas crenças internas. Quando faço este trabalho em conjunto com os meus empreendedores é frequente passado algum tempo ouvir: "Ana tenho tido mais clientes do que nunca mesmo cobrando mais". A fórmula mágica não foi o fato de terem passado a cobrar mais, mas sim todo o trabalho interno que fizeram para chegar aí.

Com os meus empreendedores digitais um dos maiores desafios quando vendem os seus cursos online é o momento da venda.

"Ana corre tudo bem durante o meu lançamento, mas quando chega a parte da venda, sinto-me desconfortável, parece que bloqueio. Tenho medo de que as pessoas achem caro".

São raras as vezes em que não tenho que lhes dizer para aumentarem o preço, porque vêm sempre com preços muito abaixo do valor que oferecem. E o que acontece é que se tu não estás confiante no que estás a oferecer, quem está do lado de lá vai sentir isso. Os nossos clientes CONFIAM em nós na mesma proporção que nós confiamos em nós mesmos.

Desmistificar estes conceitos dentro de nós, vai transparecer na nossa comunicação. Quem está do lado de lá sente a tua confiança, sente o quanto valorizas aquilo que estás a oferecer.

Propósito e dinheiro podem sim andar de mãos dadas. Podes e deves criar um negócio que te apaixona e que ao mesmo tempo te dê muita liberdade financeira. Não te limites. Não coloques tetos.

Ouvi esta frase em Dublin, durante um evento de Marketing Digital: *"If you impact millions, you make millions, if you impact billions you make billions".* E nunca mais me esqueci dela.

Lembra-te que o dinheiro que ganhas é proporcional ao número de vida que impactas. Os nossos resultados são, nada mais nada menos, um espelho do que acreditamos sobre nós mesmos. Portanto, não é o dinheiro que muda as pessoas, são elas mesmas. Hoje ganho num mês o que antes levava vários anos para ganhar.

Isso mudou a forma como valorizo as coisas? Tornou-me uma pessoa egoísta, gananciosa, e todas aquelas coisas que tantas vezes ouvimos relacionadas com dinheiro?

Claro que não!

Pelo contrário, tornei-me muito grata. Grata por ter a oportunidade de diariamente impactar positivamente outras pessoas a mudarem de vida enquanto faço aquilo que mais me apaixona. Grata por poder dar uma vida de conforto à minha mãe que tanto fez por mim, e hoje não precisa mais trabalhar se ela não quiser. Grata por não precisar de trabalhar de sol a sol e ter liberdade de tempo e dinheiro para passar com a minha Laura. Grata por poder proporcionar experiências inesquecíveis à minha família. Grata por poder investir em mim, na minha formação e poder fazer todos aqueles cursos com que sempre sonhei.

O dinheiro, esse continua igual. O que mudou fui eu e a relação que tenho com ele, e hoje encaro-o como uma recompensa positiva pelo meu trabalho e por todas as pessoas que impacto diariamente.

E tu como vais passar a encarar o dinheiro?

A RETER...

- Os teus resultados financeiros são um espelho da tua relação interna com o dinheiro.
- Os teus clientes valorizam-te na mesma proporção que tu te valorizas.
- O dinheiro que ganhas é proporcional às vidas que impactas.

PERGUNTAS que fazem despertar o melhor Empreendedor que há em Ti:

- Que recordações, sensações, sentimentos tens associados à palavra dinheiro?
- Como te sentes quando aumentas o valor dos teus produtos/ serviços?
- Quanto dinheiro queres gerar nos próximos seis meses no teu negócio?

MANTRA EMPREENDEDOR

"Ganho dinheiro na mesma proporção daquilo que me valorizo."

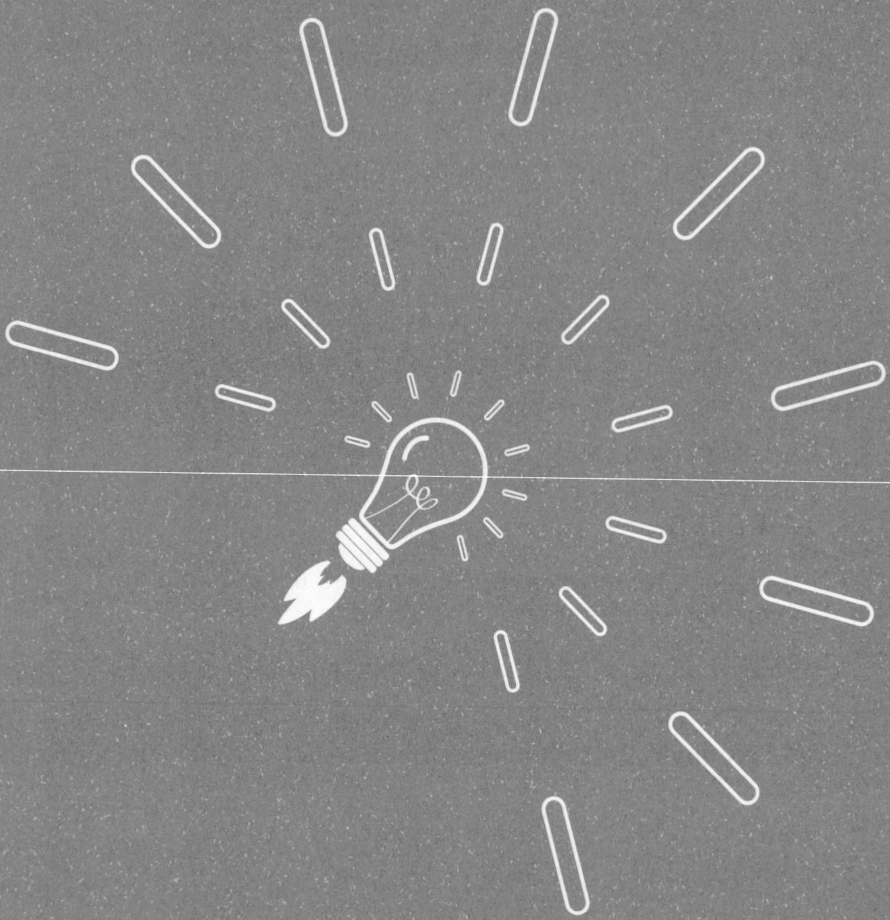

ANA CRISTINA ROSA

VII. EMPREENDEDOR CAÇADOR VS. EMPREENDEDOR AGRICULTOR

Tinha distribuído *flyers* por toda a cidade, tinha colocado posters nos principais locais de passagem. Estávamos no início de 2012 e ainda estava dando os primeiros passos nas redes sociais. Usava o Facebook para falar com os meus amigos estrangeiros e pouco mais.

Era o primeiro workshop que ia dar. Ia ser um sucesso, esperava eu.

Tinha preparado um dia cheio de dinâmicas, tinha mandado imprimir um manual e certificados superprofissionais. Estava tudo preparado, só faltavam os participantes.

Chegou o grande dia: quatro participantes, uma era a dona do espaço e minha amiga, outra uma colaboradora, e duas outras que vieram por intermédio delas.

Quatro não era mau, mas estava longe do que eu tinha idealizado.

O cenário repetiu-se durante muito tempo. Todos os meses anunciava workshops, alguns eram cancelados por falta de participantes, outros realizavam-se com três, quatro ou cinco pessoas. Às vezes tinha 'sorte' e enchia uma sala com dez.

Este cenário foi recorrente durante os primeiros anos do meu negócio. Claramente não conseguia viver apenas daquilo e tive de começar a dar formação em empresas através de parcerias. Era isso que me garantia o sustento enquanto ia fazendo crescer o meu negócio. Certamente, não ia desistir, já tinha lido várias vezes que a persistência era o caminho para o sucesso. O que eu não entendia, na altura, porém, é que persistência não significa fazer sempre a mesma coisa à espera de resultados diferentes.

Hoje olhando para trás percebo que não houve um estudo de mercado, não percebi quais as necessidades das pessoas a quem queria chegar, não houve uma fase de teste, não houve um processo de gerar valor, ou seja criar um relacionamento com aquelas pessoas antes de lhes tentar vender algo.

Tudo o que esperava era que como por milagre os clientes caíssem nos meus braços, só porque eu tinha algo que eles pudessem comprar.

Este é o Empreendedor caçador, aquele que todos os dias sai para 'caçar', dispara venda para todos os lados a ver se traz alguma coisa para casa. Acredita que para ter um negócio basta criar um produto ou serviço. Mas isso é apenas um pequeno passo de todo o processo.

Esta foi uma das maiores desilusões que sofri nos meus primeiros tempos. Acreditava que o grande desafio tinha sido descobrir o que queria realmente fazer, e que depois dessa descoberta o mundo iria render-se aos meus pés, pois tinha um projeto maravilhoso para partilhar. Mas não foi assim. Já te disse que nós empreendedores parecemos as mães, o nosso filho é sempre o mais lindo. Aos nossos olhos.

O mesmo se passa com o nosso negócio. Ninguém vai comprar a tua ideia porque tu estás apaixonado por ela, ou porque te deu muito trabalho a criá-la. As pessoas só querem 'comprar' soluções para os seus problemas. E deves ser tu a provar que tens essa solução e que é a melhor do mercado.

Como deves imaginar, este processo não acontece num piscar de olhos. Não tem a ver com preço, não tem a ver com a oferta em si, tem sim a ver com a percepção de valor que o público tem em relação àquilo que tens para oferecer.

Lembras-te da história que te contei do meu primeiro lançamento online? Aquele em que tive uma única venda. Hoje vejo que essa única venda foi pura sorte. Pois esse lançamento é um exemplo claro de falta de estratégia. Limitei-me a enviar um email para uma lista fria que não sabia nada de mim há meses e convidei-os a comprar um curso que se chamava "A chave da abundância". Curioso, o nome do curso que me trouxe uma única venda, mas uma abundância de aprendizagens. O fato é que aquelas pessoas não sabiam absolutamente nada sobre mim ou sobre a minha oferta. Como queria que aquilo funcionasse? Era a mesma estratégia que tinha usado com os *flyers* espalhados pela cidade.

Não podes, simplesmente, assumir que toda a gente vai comprar o teu produto/serviço/ideia porque tu o achas maravilhoso. É preciso testares, é preciso criares testemunhos que mais tarde reforcem a tua autoridade. Pesquisa projetos semelhantes a nível nacional e no estrangeiro, faz sondagens dentro de grupos e redes sociais, participa em eventos de empreendedorismo, partilha ideias e pede opiniões.

Imagina por exemplo que queres iniciar um negócio de cursos online na área da nutrição. Começa por pesquisar no Youtube vídeos sobre o tema, quem é o autor desses vídeos, que serviços oferece, lê os comentários, que dúvidas têm as pessoas sobre o tema, que perguntas fazem. Vai ao Google, pesquisa o que existe sobre o tema, cursos, livros, em Português, em Inglês, noutros idiomas que dominas. Vai às redes sociais, existem grupos sobre nutrição? Pede para aderir, lê as publicações, comentários, dúvidas, explora.

Cria o teu primeiro curso convida um pequeno grupo para fazer parte da tua primeira turma, até podes cobrar um valor mais baixo do que o preço final. Ouve com atenção todas as dúvidas, ajusta os teus conteúdos para darem resposta a todas as questões dos teus alunos. No final do curso pede testemunhos a esta primeira turma, divulga esses testemunhos nas redes sociais, lança uma segunda turma com base na experiência que ganhaste na primeira. É exatamente este o processo pelo qual passam os meus alunos da Certificação em Instrução Online.

Só a experiência, a fase de teste ou fase beta como gosto de lhe chamar, o feedback dos teus clientes/alunos te vai mostrar se estás no caminho certo e o que tens que ajustar para ter um negócio de sucesso.

A Sílvia procurou-me para que eu a ajudasse a criar o seu negócio na área do artesanato. Criava bolsas, carteiras, e outros acessórios, tudo feito à mão, com tecidos que ia recolhendo das suas viagens. A ideia era fazer produtos e vendê-los. Quando programamos a fase beta resolvemos incluir um pequeno workshop com amigos para receber feedback sobre os produtos. No entanto, aquele workshop de teste tornou-se uma nova área de negócio. Percebeu que gostava muito de ensinar a fazer artesanato e além dos acessórios para vender começou a dinamizar oficinas onde ensinava pessoas a criarem as suas próprias peças. Uma ideia que nunca lhe tinha passado pela cabeça antes daquela primeira experiência e do feedback que recebeu. Atualmente, está no mercado não só com a venda dos produtos, mas também com essas oficinas. Tem ali uma nova vertente de negócio à qual não teria chegado se não tivesse passado por essa fase beta.

Uma das fortes vertentes do meu negócio é ensinar empreendedores a partilharem as suas paixões e conhecimentos através de cursos online.

Ainda antes de acabarem o programa de três meses que fazem comigo desafio-os a iniciarem uma turma beta para que possam validar o curso que querem colocar no mercado. Muitos acabam por reestruturar o curso, outros afunilam o tema. No final o feedback é sempre o mesmo: Sem aquela fase experimental o curso estava desajustado do que o seu público precisava.

Se não tiveres clientes nunca vais saber se funciona ou não. Precisas desse feedback, precisas dessa aprendizagem. Esta fase de teste deve ser feita com um grupo de pessoas que te possa dar uma opinião o mais isenta possível. Se vais apresentar à mãe ou ao pai, às vezes dizem que está tudo bem, outras vezes são os maiores críticos, mas por norma nunca é a opinião neutra de que precisas.

Anos antes de criar o meu negócio online, fiz esta fase de teste no presencial. Voluntariei-me para dar palestras em lares, em escolas, em universidades, em hotéis, em vários tipos de empresa. No final passava um formulário em que perguntava aos participantes o que tinham gostado mais, em que aspetos poderia melhorar e que outros temas gostariam de desenvolver. E posso dizer-te que grande parte do meu trabalho foi desenvolvido a partir dessas experiências. Eram pessoas que eu não conhecia, pessoas que não me conheciam, e por isso tinha um feedback real em relação ao meu trabalho.

Quando vendes produtos em vez de serviços, é ainda mais fácil dar a experimentar. Convida um grupo de pessoas a experimentarem os teus produtos e a darem o seu feedback. Quanto ao tempo que deve demorar a fase de testes, depende do produto ou serviço. Normalmente, se estivermos a falar, por exemplo, da área da formação, da consultoria, entre três e seis meses. Mesmo para os produtos, também pode ser este tempo, a não ser que seja algo muito elaborado como, por exemplo, um produto que precisa ser experimentado durante um período de tempo, para que se possam ver efetivamente os resultados, o que não impede que não se esteja já a ganhar dinheiro na fase beta, pode é ainda não se estar a cobrar os valores que se vai cobrar depois quando se apresentar no mercado como sendo um especialista naquela área.

Algo muito importante é estipular quanto tempo vai ser essa fase beta. A fase beta deve ter data de início e de fim. No final, se tivermos de avaliar e reconsiderar fazer mais algum tempo, fazemos, mas existe sempre uma data de início e uma data de fim, para não corrermos o risco de se ficar eternamente na fase de testes.

Outro ponto fundamental é a tua abertura em relação a isto. Diz às pessoas que estás a testar, sem medos, com toda a honestidade. Quando lancei pela primeira vez o Programa TYP — Certificação em Instrução Online, falei abertamente e disse que era a primeira turma, que seriam os membros fundadores de algo único e que o programa estava com um valor promocional que iria aumentar nas edições seguintes. Tive 44 inscrições, cada uma daquelas pessoas pagou mil euros para entrar no meu programa beta, que eu chamei de Turma VIP. Menos de dois anos depois só esse programa já tinha mais de 500 alunos, e o valor havia subido para 1500 euros. Esses primeiros até hoje dizem com todo o orgulho que fizeram parte da turma VIP. Por isso não penses que as pessoas desvalorizam por ser beta, muitas vezes até valorizam mais, porque se sentem únicas, especiais, porque fazem parte de algo sem precedentes.

Outro dos desafios que noto nesta fase de teste é a dificuldade em fazer o 'luto' de uma ideia. Existe a tal tendência a olhar o projeto como se fosse um filho, a luz dos nossos olhos, onde não são aceites críticas. Chegamos ao mercado e as pessoas não estão tão apaixonadas pelo nosso projeto como nós e é importante termos esse discernimento e perceber que podemos achar uma ótima ideia, mas, se o mercado não está a responder, então, talvez, seja necessário alterar algumas coisas para poder ir ao encontro das necessidades de quem nos vai comprar.

Fazer o luto de ideias é uma fase dolorosa. Foi colocada tanta energia, tanto amor e dedicação num projeto e depois apercebemo-nos que afinal o caminho não é bem por ali, e que temos de mudar alguma coisa.

Já conheci muitos empreendedores 'cabeça dura'. O João foi um deles. Abriu uma pequena casa de petiscos com um conceito diferente do habitual. O sítio estava bem decorado, a ideia era interessante. O problema: estava completamente desajustado das necessidades do público. Estava situado perto da baixa da cidade e queria chegar às pessoas que trabalhavam na zona e que precisavam de um local para almoçar. No entanto, os preços que ele praticava eram o dobro dos preços praticados pelos restantes restaurantes e bares da zona.

— Ana não vou baixar preços. O que eu ofereço mais ninguém tem, as pessoas só têm de perceber isso.

Claro que defendo que devemos valorizar a nossa oferta e tudo mais, mas existe uma coisa chamada problema/solução. E naquele caso o 'problema' do público que ele queria atrair era encontrar um local em conta para almoçar onde pudessem comer algo prático e que não demorasse muito tempo.

O João deu-me trabalho mas lá lhe consegui fazer ver que podia manter essa oferta, talvez o público de fim de semana e final de tarde fossem os seus clientes ideais, mas se queria faturar precisava também de chegar a outros. Acabou por criar uma carta exclusiva com um menu especial diário para quem procurava algo mais em conta e manteve a restante carta da casa para os que procuravam algo especial. Obviamente eu nunca iria dizer ao João para tornar o seu espaço num bar igual aos outros, até porque era esse o diferencial dele, mas tinha que ajustar a sua oferta, não perdendo a essência. Este reajuste necessita de ser feito constantemente, tens que prestar o máximo de atenção ao que o público te pede. Se o feedback não for aquele que estavas à espera não é um sinal para desistir, é sinal que tens que adaptar a estratégia, e tens que torná-la o mais próxima possível das necessidades do teu público.

Ser empreendedor é estar em constante transformação e adaptação.

"SE NÃO TESTAR, NUNCA VOU SABER SE FUNCIONA."

ANA CRISTINA ROSA

EMPREENDEDOR AGRICULTOR ENTRA EM CAMPO

Outra das chaves para que as pessoas comprem a tua ideia é a relação que crias com elas. Comecei a perceber isto quando comecei a dar formação nas empresas. Muitas das pessoas que participavam nos meus workshops depois, vinham dali. Alguém com quem eu tinha tido um contacto e que depois desse contacto tinham decidido aprender mais comigo.

— Ana, mas sendo assim estás a dizer que só conseguirei chegar a pessoas que já me conhecem? — perguntas-me.

Na maior parte das vezes, sim.

Boa notícia! Vais chegar a muita gente que ainda não te conhece, mas vai conhecer.

Hoje nos meus programas online não conheço a maioria dos participantes quando se inscrevem, mas eles já me conhecem a mim.

Como? Através de algo que mudou completamente o rumo do meu negócio: Gerar Valor.

Estamos numa nova era de negócios. Cada vez mais, as pessoas procuram proximidade, procuram alguém que as entenda, que as inspire, e isso não se faz através dum panfleto ou de uma única publicação nas redes sociais, faz-se através de um relacionamento que vai sendo nutrido de dia para dia. Já te introduzi este conceito quando falamos do Empreendedor Influente.

É o chamado processo do *Flirt* ao Casamento. O *Flirt* é a fase onde o teu futuro cliente se cruza contigo por acaso, por exemplo viu um anúncio teu nas redes sociais, ou um amigo partilhou um vídeo que tu fizeste. Depois disso começa toda uma fase de namoro. É a fase onde lhe vais provar que pode confiar em ti. Imagina por exemplo que trabalhas na área da parentalidade, vais fazer vídeos, áudios, artigos onde dás dicas sobre como se pode melhorar o relacionamento com os filhos, onde partilhas exemplos do teu dia a dia. Depois podes convidar para assistir a uns Diretos teus e finalmente vais fazer a proposta de casamento — a venda.

Este processo vai se tornando cada vez mais fácil, porque os teus clientes vão começar a falar de ti e vão ser os melhores advogados da tua marca. E outros virão por intermédio deles.

Esta é a postura do Empreendedor agricultor. Ele sabe que para colher frutos saborosos, primeiro tem que semear, depois tem que regar dia após dia com muita dedicação. Assim se criam os relacionamentos com os nossos clientes. Não apareças apenas quando queres vender algo, aparece para entregares valor. Atualmente nas redes sociais é tão simples fazer isto. Se trabalhas na área da cozinha partilha algumas receitas e dicas para prepararem deliciosas refeições. Se tens um negócio de roupa, partilha dicas de vestuário, de como combinar peças. Se tens um negócio de maquilhagem, faz diretos onde ensinas a usar produtos. São tantas as possibilidades. Hoje em dia no meu negócio, grande parte dos meus conteúdos são dados de forma gratuita. E quanto mais dou, mais pessoas tenho interessadas em pagar pelo que tenho para oferecer. Se as pessoas sentem que lhes estás a gerar valor vão querer aprofundar essa relação contigo e comprar a tua oferta.

A paciência é uma virtude e uma das características que eu não tinha na minha personalidade. Sempre quis tudo para ontem, e quando comecei o meu negócio pensei que os resultados seriam imediatos. Quando não o foram culpei o mercado, culpei o público, quando a única coisa que não funcionava era a minha estratégia. Quando troquei o Empreendedor caçador pelo Empreendedor agricultor, os resultados começaram a chegar. Ter uma mente de Empreendedor agricultor não significa, contudo, que vais demorar muito tempo para teres resultados. Ao utilizares esta estratégia de testar e gerar valor com consistência, vais rapidamente assumir uma autoridade no mercado e consequentemente trazer até ti uma multidão de gente interessada em trabalhar contigo.

A RETER...

- As pessoas não compram a tua ideia até experimentarem.

- Testa a tua oferta e com esse feedback constrói uma oferta irresistível.

- Namora o teu público para que percebem que a tua oferta é a solução para os seus problemas.

PERGUNTAS que fazem despertar o melhor Empreendedor que há em Ti:

- Como podes testar a tua nova oferta?
- Como vais avaliar e adaptar o feedback recebido?
- Como podes gerar valor nas pessoas com quem queres trabalhar?

MANTRA EMPREENDEDOR

" Se não testar, nunca vou saber se funciona."

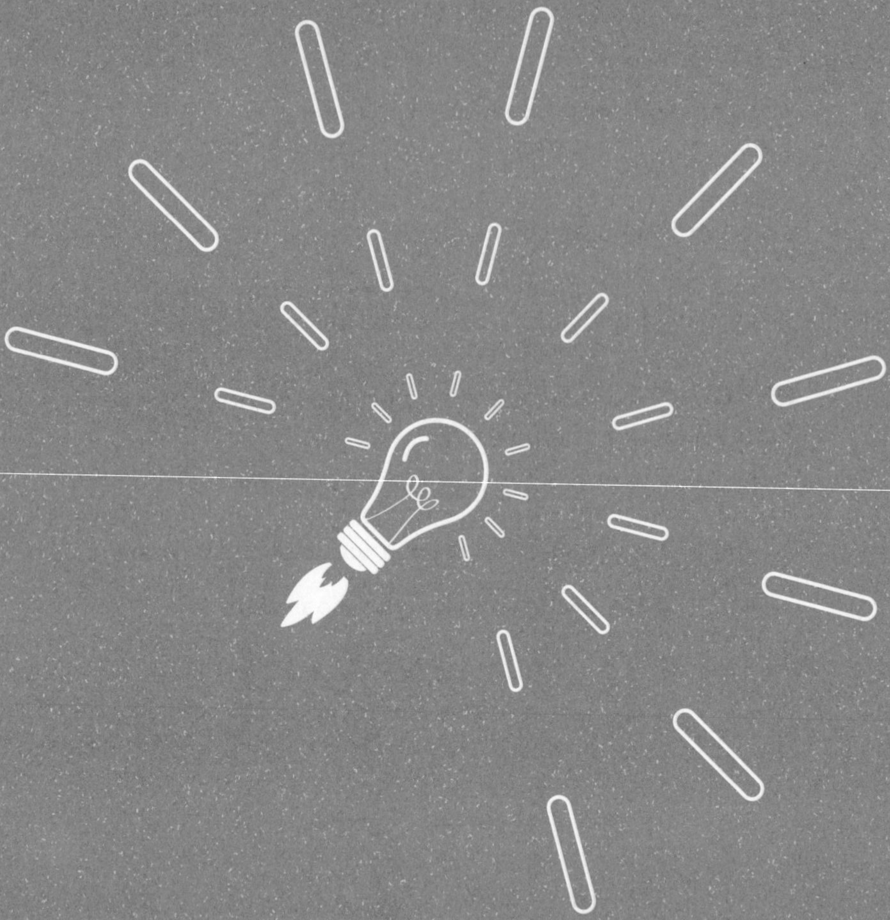

ANA CRISTINA ROSA

VIII. EMPREENDEDOR CURA TUDO VS. EMPREENDEDOR AUTORIDADE

— Ana o que fazes?

— Tenho um negócio na área do Coaching e formação.

— Ah ok.

Esta era uma reação comum quando dizia aquilo que fazia. Muitos faziam aquela cara de paisagem, outros franziam o sobrolho e poucos me perguntavam o que eu realmente fazia. Falo de uma época onde o Coaching e os temas do desenvolvimento pessoal não eram tão conhecido do público como são hoje, principalmente no Algarve, onde eu vivia. Os poucos que se mostravam mais curiosos e perguntavam o que eu fazia concretamente eu respondia toda contente: "Ajudo pessoas a sentirem-se mais felizes e mais motivadas".

Mas como? Em que áreas? Felizes em que aspeto? Motivadas a fazer o quê?

Tenho a certeza de que eram estas as perguntas que ficavam por responder na cabeça do meu interlocutor.

Vejo claramente que os resultados no meu negócio dispararam quando deixei de querer falar para o mundo todo. O que fazes especificamente? Para quem fazes? Como fazes? são perguntas para as quais espera-se que tenhas a resposta na ponta da língua.

Estava nos primeiros meses do meu negócio, e dei o meu primeiro workshop "Realiza os teus sonhos no novo ano", aquele onde tive quatro participantes. O meu foco era ajudar pessoas a definirem os seus objetivos para o próximo ano.

Dois meses depois, comecei a ler muito sobre Coaching de relacionamentos, apaixonei-me pelo tema e comecei a criar conteúdos e posteriormente workshops sobre o poder dos relacionamentos.

Alguns meses mais tarde fui contactada por empresas e comecei a dar formações de comunicação e atendimento ao cliente. Ao longo do tempo foram começando a chegar até mim cada vez mais pessoas que queriam mudar de vida, queriam descobrir o que realmente lhes apaixonava e comecei a acompanhar pessoas a fazer um processo de transição de carreira. Dois anos depois de ter iniciado o meu negócio, era aquilo que chamo de Empreendedora Cura tudo. Trabalhava com todos aqueles que vinham me encontrar.

O Empreendedor cura tudo é aquele empreendedor que quando começa o seu negócio quer fazer tudo e mais alguma coisa. Claro que aquilo que mais queremos quando começamos um negócio é ter clientes, ganhar dinheiro com aquilo que é a nossa paixão e podermos viver exclusivamente disso. Mas, muitas vezes, por termos esse objetivo podemos cair no erro de pensar que quantos mais serviços e produtos, ou seja, quanto mais vasta é a oferta para o meu cliente, mais clientes vou ter. Errado! Com a concorrência e a diversificada oferta que existe, as pessoas tendem cada vez mais a procurar especialistas, pessoas que tenham autoridade naquele assunto.

Comecei a aperceber-me que havia um nicho muito específico que me apaixonava, que ressoava mais comigo – eram as pessoas que queriam criar o seu próprio negócio e fazer uma transição de carreira. Comecei a focar as minhas formações, os livros que lia, a minha comunicação nesse tema. Comecei a especializar-me, e a assumir-me como a empreendedora que ajuda pessoas a transformarem os seus talentos e as suas paixões em negócios de sucesso. Isso fez com que a minha carreira desse um grande salto e comecei a ter cada vez mais clientes e dispostos a pagar valores mais elevados pelos meus serviços, porque há uma tendência a valorizar aquele que é especialista. Um dos episódios que mais marcou essa reviravolta na minha comunicação foi um dia em que o meu irmão, na altura com uns nove anos, chega à minha casa e diz:

— Mana preciso de um cartão teu para dar à minha professora.

— Por quê? — perguntei eu.

— Ela hoje na aula disse que está farta do trabalho dela. E tu ajudas pessoas assim, não é mana?

Percebi, naquele momento, que se uma criança de nove anos percebia exatamente o que eu fazia, então estava no caminho certo. É humanamente impossível sermos especialistas em tudo. É muito importante, contudo, para qualquer empreendedor que está a começar um negócio, definir qual é o seu nicho de mercado.

Imaginando, por exemplo, que quisesses criar um negócio na área da comida, vais fazer todo o tipo de comida ou vais especializar-te? Quando eu penso em comer algo vegetariano vou a um restaurante que tenha tudo inclusive vegetariano ou vou àquele restaurante específico vegetariano? Eu vou sem dúvida ao segundo.

Cada vez mais existem casas especialistas — hambúrgueres, vegetariano, massas, chocolate, ou seja, para um nicho muito específico. Acreditamos que em cada um destes locais teremos os melhores produtos, porque são realmente especialistas a fazer aquilo.

Se não tens um nicho, tens poucas probabilidades de ter um negócio rentável. Por outro lado, a partir do momento em que começas a assumir esta especialização na tua comunicação, as pessoas passam a reconhecer-te essa autoridade.

Eu, por exemplo, nas redes sociais, comunico para empreendedores ou para pessoas que querem ser empreendedoras. Se agora fizesse uma publicação sobre relacionamentos conjugais, depois uma sobre relacionamentos entre pais e filhos e outra sobre transição de carreira, as pessoas que me seguem ficariam confusas, porque a comunicação não era clara, não era afunilada. Isso é o que se vê em muitos empreendedores, um dia estão a promover uma coisa e noutro dia outra coisa que não tem nada a ver.

É importante que a pessoa sinta que estamos nos comunicando diretamente para ela.

Para muitos empreendedores, este é o grande desafio, fazem muita coisa. Não quer dizer que a longo prazo não vão poder fazer tudo isso, mas deve ser uma coisa de cada vez. Por exemplo, trabalho com uma professora de yoga e ela disse-me que gosta muito de trabalhar com idosos, então vai começar a especializar o seu trabalho nisso, porque de certeza que se alguém pensar em contratar uma professora de yoga para a idade sênior, vai pesquisar e vai encontrar o seu trabalho, há poucas pessoas especializadas nessa área. E quem diz yoga diz muitas outras coisas. A ideia é sempre a mesma: se comunicarmos de forma muito específica as pessoas vão reconhecer-nos como especialistas naquela área e vão estar dispostas a pagar muito mais para trabalhar connosco porque temos credibilidade.

Há sempre uma área que nos apaixona mais trabalhar do que outra. "Mas e se tivermos paixão por várias áreas?", ouço frequentemente esta pergunta.

Se existem várias coisas pelas quais temos o mesmo nível de paixão, é importante começar a rentabilizar essa paixão, e o primeiro passo é avaliarmos o nosso contexto. Muitas vezes o contexto está mais favorável para uma área do que para outra. Imaginemos que queres criar um negócio de organização de eventos temáticos. Imaginas-te a trabalhar com grandes casamentos, mas também adoras a parte das festas infantis. E percebes que dado o teu contexto, tens os teus filhos na escola, conheces os pais das crianças, tens uns amigos com quem podes fazer parceria porque alugam materiais para festas. Então se calhar o teu contexto está a apontar para (que tenhas uma rentabilidade mais rápida) as festas infantis. Esta poderá ser a aposta para começar, depois virão as outras. Observa a tua experiência, os teus conhecimentos, os teus contatos e vê onde te queres focar em primeiro lugar. Ter um contexto onde já se tem algum contacto e alguma ponte que pode ser feita com determinada área, vai facilitar numa fase inicial.

O importante é sempre apostar na especialização. O mercado mudou. As pessoas, cada vez, têm mais capacidade e possibilidade e também essa 'inteligência' para procurar, para pesquisar. Nos dias de hoje com a internet é muito fácil sabermos se aquela pessoa é um faz tudo e faz tudo bem ou se apenas faz um bocadinho de cada coisa. É fácil pesquisarmos isso, há testemunhos, há críticas. Então a pessoa quando se apresenta no mercado como sendo um especialista, com toda a certeza vai ter muito mais clientes e vai conseguir muito mais rapidamente subir aos patamares que quer alcançar.

Ser um "cura-tudo" não traz crédito. Em Portugal, temos muito essa cultura do desenrasca, do polivalente; mas a verdade é que basta pensarmos como consumidores. Quando precisamos de um trabalho mais específico, pensamos em quem será a pessoa especializada nessa área.

O Empreendedor cura-tudo está a acabar.

"QUANDO FALO PARA O MUNDO TODO, NINGUÉM ME OUVE."

ANA CRISTINA ROSA

EMPREENDEDOR AUTORIDADE TORNA-SE O PROTAGONISTA

Percebi pela minha própria experiência e pelos relatos dos empreendedores com quem trabalho que quando percebemos a importância de escolhermos uma área de especialização dentro do nosso negócio somos assaltados por uma tropa de crenças limitadoras que nos dizem coisas do gênero:

"Vou estar limitado. Vou ser 'colocado numa caixa'."

Vamos deixar uma coisa bem clara, tu não te estás a *nichar* a ti, estás a *nichar* a tua oferta. Mais tarde podes sentir a necessidade de criar uma oferta para um outro nicho. O meu exemplo: Especializei-me no acompanhamento de pessoas em transição de carreira que queriam criar um negócio próprio. Durante vários anos era neste nicho que me destacava. Mas à medida que fui crescendo também no online comecei a sentir a necessidade de afunilar ainda mais e criar um novo nicho dentro do anterior. E passei a trabalhar mais especificamente com empreendedores digitais, pessoas que queriam criar cursos online.

Nós evoluímos, as nossas áreas de atuação evoluem conosco.

O empreendedor especialista que tem um restaurante italiano, pode mais tarde criar uma gelataria. Não é o nicho que define o teu sucesso, és tu. Tem de ser em primeiro lugar algo que te apaixona. O nicho vai ajudar-te a chegar com mais impacto às pessoas que tu nasceste para servir.

Vou perder vendas e clientes, tu pensas! Só que, neste momento, o fato de não nichares já te traz todos os clientes e vendas que desejas? Reflete sobre isso. Pois, talvez não. O fato de afunilares a tua área de atuação vai permitir-te ter clientes mais qualificados. Um cliente nichado está disposto a pagar muito mais.

Imagina que tens um negócio na área da fotografia e que vês o anúncio de dois cursos na internet. O primeiro diz "Curso de Vendas nas Redes Sociais" e o segundo diz "Aprende a Vender o teu negócio de fotografia nas

Redes Sociais". O primeiro custa cem euros, o segundo custa 300 euros. Qual dos dois desperta mais o teu interesse? Em qual dos dois estás disposto a investir? Provavelmente naquele que melhor corresponde à tua necessidade, apesar de custar mais. Ao escolheres um nicho, não vais perder vendas e clientes, vais sim aumentar a tua autoridade e consequentemente o preço da tua oferta.

— Ah! Mas posso escolher o nicho errado — ouço-te dizer.

Irás escolher um nicho dentro da tua área de negócio que mais te faça vibrar. Por isso, afirmo, não tenhas medo de escolher o nicho errado, tem sim medo de não escolheres nicho nenhum.

"Não sou bom o suficiente. Não sei o suficiente para ser especialista".

Quando dizes isto como te sentes?

Sente-se ansioso, receoso, cheio de dúvidas, certo? Eu sei porque já senti o mesmo. E aprendi algo que mudou completamente a minha forma de comunicação comigo mesma. Se penso algo em relação a mim mesma que me faz sentir mal é porque é mentira. É um jogo do ego. A nossa mente é preguiçosa, e quer manter-nos pequenos, porque isso implica menos esforço, menos trabalho. Quando começas a pensar que te queres tornar especialista, que serás visto como uma autoridade a tua mente ataca em força. Não lhe dês ouvidos. Pensa antes no que queres acreditar em vez disso. Por exemplo passares a dizer: "Eu tenho uma vontade genuína de impactar pessoas, e vou fazê-lo com a paixão e conhecimentos que tenho."

Se pelo caminho sentires necessidade de mais um curso, mais uma especialização, tudo bem. Que isso não seja, contudo, um pré-requisito, para avançares.

Agora que desmascaraste todas as vozinhas que te podem impedir de te tornares um Empreendedor autoridade reflete sobre a tua área de especialidade.

Por onde queres começar?

Por exemplo, se quiseres começar um negócio na área da cozinha, procura uma especialidade. Podes descobrir que é a comida vegetariana aquilo que realmente te dá prazer cozinhar. Podes descobrir que são os pratos tradicionais aqueles que mais gostas de preparar ou, então, que o que realmente sentes que faz sentido para ti é confeccionar comida para crianças. Se é na área do Coaching que queres trabalhar, então procura saber que vertente mais vibra contigo. Será que gostas mais do Coaching virado para a nutrição? Ou é no

Coaching centrado em carreiras que mais te sentes alinhado? Ou, talvez, até possas perceber que queres tornar-te num Coach que ajuda desportistas a desenvolverem a sua performance... Seja qual for a área, nunca deixes de fazer este exercício. Nunca deixes de procurar saber qual é o nicho de mercado em que te queres especializar. Vai dar-te autoridade, vai transformar-se no teu diferencial, vai definir a forma como chegas ao mercado.

Não deixes a voz do ego abafar essa tua missão. Muitas vezes não fazemos aquilo que estamos destinados a fazer não porque o mundo não esteja preparado, mas porque estamos a impedir o nosso próprio caminho. Sai do teu caminho. Destaca-te no meio da multidão para que possas falar ao ouvido de todos aqueles que precisam de ti.

A RETER...

- Se te apresentas como um faz tudo, ninguém te dará valor.
- Especializa-te num nicho e apresenta-te como um expert nessa área.
- Quanto mais te especializas, mais os teus clientes estão dispostos a pagar.

PERGUNTAS que fazem despertar o melhor Empreendedor que há em Ti:

- Dentro do teu negócio qual a área, qual o tipo de público, que mais te apaixonam trabalhar?
- O que tens de especial para partilhar que as pessoas estejam dispostas a pagar?
- Como vais comunicar a tua especialização?

MANTRA EMPREENDEDOR
"Quando falo para o mundo todo, ninguém me ouve."

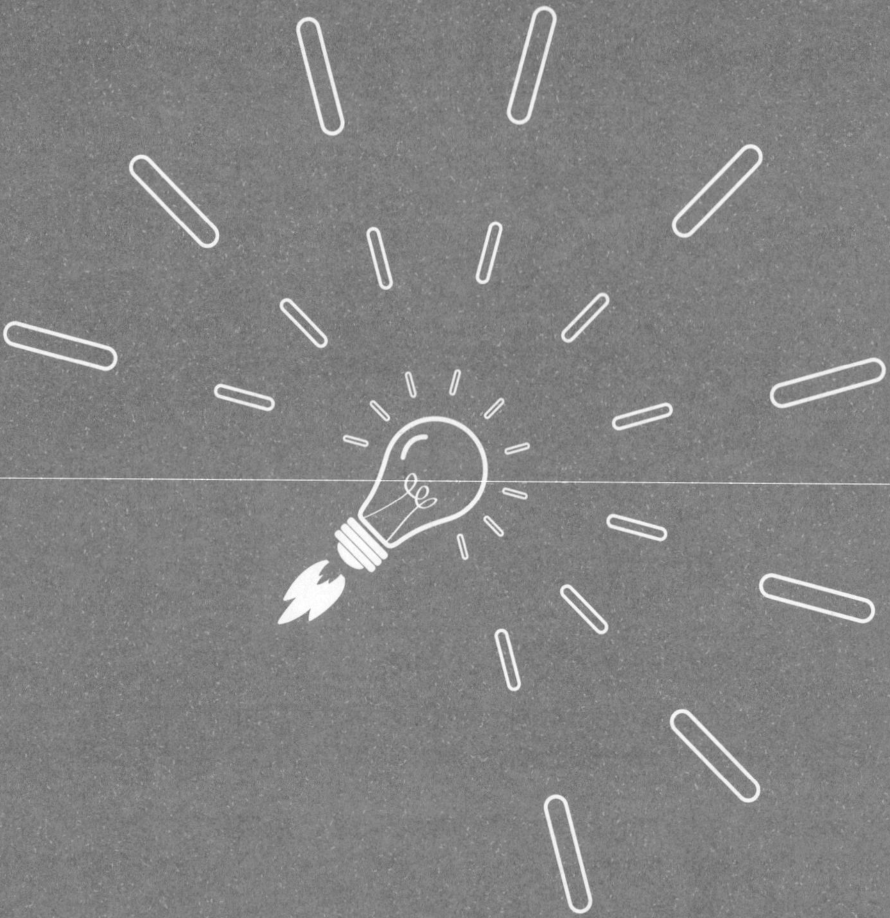

ANA CRISTINA ROSA

IX. EMPREENDEDOR RATO VS. EMPREENDEDOR ÁGUIA

Dia 22 de outubro de 2014, o dia do primeiro aniversário da Laura.

Tive de avisar com muita antecedência à empresa com a qual tinha parceria que não podia dar formação nessa data. De manhã fizemos uma sessão fotográfica os três: eu, o Artur e a Laura. Depois fomos almoçar e à noite fizemos um jantar com a família e amigos. Como eu queria ter mais dias assim.

Desde os dois meses da Laura que tinha regressado ao trabalho. E apesar de ser apaixonada pelo que fazia, não me sentia feliz. A minha vida profissional não era compatível com a minha vida familiar. Queria ter tempo para estar com a minha pequena Laura, para passearmos, viajarmos, mas passava os dias a trabalhar.

Fins de semana ocupados com workshops, formações em horário pós-laboral. Sentia-me numa encruzilhada. Amava o que fazia, mas se não trabalhasse não ganhava. Não me podia dar ao luxo de tirar férias, o meu negócio parava quando eu não estava, e eu sentia-me prisioneira do meu próprio propósito. Isto, não me saia da cabeça, acordava e deitava-me a pensar nisto. Como podia continuar a fazer aquilo que me apaixonava, sem abrir mão do tempo que queria passar com a minha filha?

Comecei a aperceber-me que tinha sempre de abdicar de um, ou seja, quando trabalhava por conta de outrem tinha algum tempo, tinha algum dinheiro, mas não era apaixonada por aquilo que fazia, não tinha um propósito. Depois quando abandonei a minha carreira como jornalista e criei o meu negócio era completamente apaixonada por aquilo que fazia. Nessa altura tinha um propósito e tinha tempo, pois podia gerir o meu tempo, mas não tinha dinheiro. Agora que as coisas estavam finalmente a compor-se: tinha um negócio que me apaixonava e que me dava um rendimento aceitável. Logo agora começava a sentir a falta de tempo.

"Será que eu nunca estava satisfeita?"

"Seria a 'velha Ana insatisfeita' a voltar ao ataque?"

"Seria uma utopia essa história de ter um negócio com propósito, tempo e dinheiro?"

"Trabalhas mais, tens mais dinheiro, mas... tens menos tempo. Se trabalhas menos, tens mais tempo, mas ... tens menos dinheiro." Esta frase saiu-me da boca durante uma formação. Tinha acabado de ser mãe e este conflito interno afetava-me cada vez mais.

Um dos meus alunos perguntou-me:

— Então qual é a sugestão da Ana?

Fiquei sem resposta... Mas sabia que teria de haver uma solução para isso. Eu só tinha de descobrir qual.

Mas antes de lá irmos existem algumas perguntas sobre as quais deves refletir.

Que tipo de negócio queres criar?
Qual o estilo de vida que queres criar?
Ao criares o teu próprio negócio,
como vão ser os teus dias?
Como vai ser a tua vida?
Queres um negócio em que tens um
horário fixo de trabalho?
Queres viajar? Queres trabalhar em equipe?

Antes de definires exatamente o que queres fazer, esta reflexão é fundamental. Conheço bem muitos empreendedores que só pensaram nestas questões muito depois de terem iniciado o seu negócio. Quando decidiram refletir sobre elas, perceberam o quanto o seu negócio estava desajustado.

Uma vez tive uma cliente que quando começamos a falar sobre o que ela gostaria de fazer, disse:

— O meu sonho sempre foi criar um grande espaço de diversão para crianças.

— Ok, perfeito, fale-me mais sobre a sua vida atual.

— Eu viajo bastante, porque o meu marido trabalha fora e eu e as crianças estamos constantemente em viagem.

—Qual a disponibilidade para se dedicar a um projeto desta envergadura? — perguntei.

—Quase nenhuma, nunca estou mais de um mês seguido em Portugal.

—E como vê a possibilidade de ter alguém a gerir esse projeto por si?

—Vejo mal, eu imagino-me lá a apoiar, a motivar a minha equipe, a preparar as atividades para as crianças. Nunca tinha pensado nisto, mas realmente o estilo de vida que tenho não é compatível com esta minha ideia, pelo menos para já — constatou desiludida.

Acabou por adiar a ideia, pelo menos até começar a passar mais tempo em Portugal, e pouco tempo depois começou a criar atividades online para crianças.

Isto é recorrente. No entusiasmo de uma ideia inicial, tendemos a achar que tudo é possível e não pensamos a longo prazo como vai ser a nossa vida. Um negócio transforma a nossa vida e toda a nossa dinâmica pessoal e familiar.

Percebe algumas especificidades: queres trabalhar com outras pessoas, queres ter um lugar físico, queres viajar, queres ter horários fixos, queres ser livre para criar os teus próprios horários? Reflete sobre tudo isso. Não existem modelos ideais, melhores ou piores, existe o teu modelo e ponto. Esse é o que funcionará para ti.

O Carlos marcou uma primeira sessão de Coaching. Vinha por recomendação de uma colega que tinha feito um processo semelhante comigo alguns meses antes.

Sentou-se e disse:

— Acho que quero desistir do meu negócio.

Há oito anos que tinha abandonado um emprego 'seguro' para criar o seu negócio. Tinha montado uma empresa bem-sucedida na área da consultoria de medidas de proteção.

empreender sem desculpas

A verdade é que aquele Carlos sentado à minha frente estava exausto. Não tinha folgas, há oito anos que não tirava férias, chegava a casa tarde e a vida familiar estava seriamente afetada. A situação financeira estava confortável, mas: "Para que quero eu o dinheiro? Não tenho tempo para fazer absolutamente nada. Ando a ter pensamentos muito estranhos. No outro dia sai de casa e pensei que se tivesse um acidente de carro podia ficar uns dias no hospital a descansar. Isto não é normal. Eu estou mesmo muito mal", contava-me, desanimado.

Já acompanhei vários 'Carlos' em processos de Coaching e a verdade é que é muito mais comum do que se possa pensar. Muitos empreendedores tornam-se empregados do seu próprio negócio. Escravos, até. Muitos chegam a ter saudades da vida de empregado, em que as responsabilidades eram menores — e, embora o dinheiro fosse menos, o tempo para desfrutá-lo era maior.

A isto eu chamo o Síndrome do Empreendedor Rato.

Conheci o termo "Corrida dos Ratos", no livro, de Robert Kyosaki, "Pai Rico, Pai Pobre". Kyosaki faz uma analogia brilhante entre a vida do empregado e o hamster que anda naquela sua rodinha sem sair do sítio. Corre, corre pelo salário ao final do mês; corre pela promoção e pelo aumento de ordenado; corre para pagar o crédito da casa nova que conseguiu comprar com o aumento; continua a correr para pagar as férias numa ilha paradisíaca qualquer; corre, corre, sem sair do mesmo lugar.

Esta analogia popularizou-se quando falamos da 'desgraça' que é ser um empregado — e da maravilha que é ser um empreendedor.

Mas a verdade — e esta não li em lado nenhum — é que também existem empreendedores na corrida dos ratos. O Carlos estava nesse ponto. A exaustão era tal que queria desistir de tudo.

— Sempre pensei que quando tivesse o meu negócio próprio — afirmava — poderia fazer os meus horários, tirar férias quando quisesse sem ter de depender de um mapa de férias estipulado por alguém, tirar uma tarde livre se me apetecesse, mas a verdade é que me sinto muito mais preso do que antes. Tudo depende de mim, já aumentei a equipe, mas sinto que as coisas não funcionam quando não estou presente.

Nesta fase já consegues identificar alguns dos problemas do Carlos.

Além do Empreendedor rato estava também a agir como o Empreendedor apaga-fogos.

Esta partilha do Carlos já a ouvi centenas de vezes. É comum enquanto empreendedores deixarmo-nos chegar a este ponto.

A solução está em "deixar de trocar tempo por dinheiro", li uma vez.

Nunca tinha pensado nas coisas dessa forma, mas fazia todo o sentido. Reflete: o teu dia tem 24 horas, trabalhas oito horas, ganhas x; se queres aumentar o teu rendimento passas a trabalhar mais horas e passas a ganhar mais x; e assim sucessivamente, se queres aumentar o teu rendimento. Tendo em conta que dessas 24 horas ainda tens de tirar tempo para dormir, comer, fazer as tuas necessidades, parece-me que ficas limitado. Tirando a parte em que deixas de ter tempo livre para desfrutar do aumento de rendimentos.

Era exatamente nesta ratoeira que o Carlos se encontrava.

Foi também com o Kyozaki que ouvi pela primeira vez o conceito de rendimentos passivos. Depois disso já o li por várias vezes noutros livros e estudos de grandes empreendedores. O conceito é simples: se queres ter dinheiro e tempo, tens de conseguir gerar dinheiro, também, enquanto estás a dormir.

Daí o fato de seres empregado te limitar neste sentido. Mas, se não tiveres este *mindset*, o fato de seres empreendedor não altera nada: continuarás a estar na "corridinha dos ratos" — com a diferença de que será no teu próprio negócio e não negócio de alguém.

Existem vários modelos de negócio que te permitem criar este rendimento passivo — poderia mesmo dizer todos os negócios, se bem trabalhados. Comecei a refletir seriamente sobre isto pouco depois da Laura nascer.

O meu negócio corria bem, mas a verdade é que quando não estava presente as coisas não aconteciam. Dava programas de Coaching presenciais e formações. Quando ia de férias, não trabalhava — logo não ganhava. Tinha criado um modelo de negócio que dependia exclusivamente da minha presença física.

— Oh, Ana, mas de início não podemos limitar opções, temos de fazer um pouco de tudo — eu escutava.

empreender sem desculpas

Claro que eu entendo e acredita que conheço muito bem esse sentimento. Mas também acredito que se não deixares bem definido em que direção queres levar o teu negócio, logo de início, é ele que te vai conduzir a ti.

A questão é: como é que posso criar uma vida e um negócio onde possa preencher três elementos fundamentais para mim: propósito, tempo e dinheiro?

À medida que o meu negócio foi crescendo e que ia tendo mais clientes, continuava a ter propósito, e até já tinha mais dinheiro, mas deixei de ter tempo. Parece que andava numa luta interna constante para conseguir concretizar estes três fatores tão importantes. Hoje vejo que não se tratava de insatisfação. Estes três pontos são fundamentais para mim. É importante ter um propósito e fazer algo que me dê prazer, que me apaixone e que possa partilhar com outras pessoas, preciso de tempo de qualidade para estar com as pessoas que mais amo e, principalmente, com a minha filha Laura e, por fim, dinheiro, através de um negócio que me dê liberdade financeira para poder fazer viagens, investir em formações, sem ter de me preocupar em olhar para os número da minha conta bancária todos os meses.

Então que alternativas tinha eu?

Como poderia eu dar formações mesmo que não estivesse presente? Se de início a pergunta me parecia um pouco louca, de repente fez-se luz. Teria que criar formações a que os meus alunos pudessem aceder mesmo quando eu não estava por perto. O online era sem dúvida a solução.

Colocar esta ideia em ação, claro, foram outras tantas, mas essa história já tu conheces.

"UM NEGÓCIO ONDE DEIXO DE TROCAR O MEU TEMPO POR DINHEIRO É O PASSAPORTE PARA A LIBERDADE."

ANA CRISTINA ROSA

EMPREENDEDOR COM VISÃO DE ÁGUIA

A visão de águia é uma das características mais relevantes no empreendedorismo. É a visão que permite ver o que os outros não vêm, que permite antecipar cenários, que permite estar um passo à frente.

Uma das características-chave de um Empreendedor de sucesso é a visão, o que faz com que muitas vezes não seja compreendido pelo mundo à sua volta, pois vê algo que ainda não é visível. A história está cheia de casos destes. Ouvimos frequentemente que gênios como Einstein, Edison, Newton viveram à frente do seu tempo. Não quero com isto dizer que precises ser um gênio para teres um negócio de sucesso, nada disso, mas é importante entenderes que é necessário sair do óbvio, mesmo que por vezes à tua volta não tenhas a compreensão que desejarias.

Lembra-te de que tudo começou com uma única ideia. Tudo o que tens neste momento à tua volta, o sofá ou cama onde estás enquanto lês este livro, a casa onde vives, a luz, todos os objetos em teu redor, este livro que tens nas mãos, tudo começou com uma única ideia na mente de alguém.

Não há limites. Nunca te limites.

Por vezes temos uma ideia e quando a partilhamos com alguém ouvimos de imediato: "isso não vai funcionar", não te limites nesse momento, se a tua ideia te apaixona saberás como colocá-la em prática, e nesta fase do livro já partilhei contigo várias dicas para não te deixares desmotivar na primeira contrariedade.

Eu, por exemplo, quando comecei a trabalhar online, começou a crescer dentro de mim uma ideia que não me abandonava: Ensinar outras pessoas a criarem um negócio de cursos online. Apesar das muitas vozes que me diziam que em Portugal isso não iria funcionar, decidi avançar e assim criar um negócio pioneiro. Trouxe para Portugal o conceito de Instrução on-line, e tenho ajudado centenas de empreendedores a criarem do zero os seus negócios de cursos online.

"O online não é o futuro, é o presente" era uma das minhas frases de eleição antes da Pandemia. De repente aquilo que era para muitos uma curiosidade tornou-se a única alternativa. Essa visão permitiu-me estar na linha da frente.

E é esse desafio que te deixo agora. Pensares mais à frente. Olha para o mundo e a forma como avança a passos de gigante, pensa num negócio que responda a necessidades que podem ainda não existir, mas que existirão dentro de breves meses. Pensa no teu negócio e como poderias transformá-lo num negócio o mais alinhado possível com o estilo de vida que queres criar?

Por exemplo:

Tens um negócio de roupa, que tal criares uma loja e-commerce onde os clientes possam fazer as suas encomendas enquanto estás a dormir?
Tens um negócio de serviços um a um, que tal criares cursos online onde podes chegar a mais pessoas em menos tempo? Tens paixão por escrever, que tal criares e-books que possas colocar na internet à venda?

E por aí vai — melhor, VAMOS! Sê criativo!

Durante a Pandemia, em 2020, houve uma quantidade de negócios que antes eram totalmente presenciais, que nunca ninguém sequer imaginou que pudessem sobreviver de outra forma, que se reinventaram no online. Eu trabalho com empreendedores na área da dança, da maquilhagem, do cabeleireiro, da costura, da cozinha, do treino de cães, da cozinha, entre tantas outras, que criaram negócios de cursos online durante a Pandemia.

A Vanda foi uma das primeiras a inscrever-se no meu Programa de Instrução Online. Professora de dança há 25 anos, apesar de ser apaixonada pelo que fazia, sentia-se cansada. Mãe de duas meninas de cinco e sete anos, muitas eram as noites em que chegava a casa e já as encontrava a dormir. Começamos por desenhar os seus primeiros cursos online de dança onde ajuda mulheres a conquistarem um corpo de 'bailarina', como ela diz, através de exercícios de dança e flexibilidade. A ideia inicial era manter a Academia de Dança da qual era proprietária enquanto em paralelo ia começando a construir um negócio online, mas a vida tinha outros planos para ela. E, em março de 2020, dois meses depois, de ter lançado o seu primeiro curso online viu-se 'obrigada' a fechar as portas da sua Academia de Dança. Eram 280 alunos que de repente ficariam sem aulas, uma academia com despesas e funcionários para manter, este teria sido o cenário da Vanda se não tivesse começado dois meses antes a trabalhar no seu plano B. E assim em três dias transitou uma Academia com 280 alunos para o mundo online. Poucos meses mais tarde já no início do verão vendeu a Academia de Dança e passou a dedicar-se ao seu negócio de cursos online de dança. Tem tempo para as suas filhas, e continua a fazer o que mais lhe apaixona – ensinar a dançar.

Os momentos de crise têm esta característica de nos estimular a criatividade. Não é por acaso que a História mostra, que foram nos momentos de crise, que também se criaram grandes coisas. Na verdade, a crise também traz consigo grandes momentos de oportunidade! Há sempre aqueles que choram e aqueles que vendem lenços. O Empreendedor águia é este que tem visão para ver as oportunidades em todos os momentos, inclusive nos momentos de crise.

Começa por algum lado, mas começa a criar formas passivas de ganhares dinheiro. Não podes trocar o teu tempo por dinheiro para o resto da vida, porque o teu tempo é limitado.

No dia do oitavo aniversário da Laura, 22 de Outubro de 2021, pusemos mais um pin no mapa mundo dela. 19 países visitados. Porém, o meu negócio não parou, pelo contrário cresceu mais do que nunca, durante estes anos. E com ele cresceu também o tempo que tenho hoje para passar com a minha família. Porque se é para ter um negócio que seja algo que nos preencha em todas as áreas da nossa vida.

A RETER...

- Torna bem clara a visão do estilo de vida que queres ter com o teu negócio.
- Deixa de trocar tempo por dinheiro.
- Tem uma visão de águia e antecipa as oportunidades.

PERGUNTAS que fazem despertar o melhor Empreendedor que há em Ti:

- Como é o teu estilo de vida com o teu negócio ideal?
- De que forma podes gerar rendimentos mesmo quando não estás presente?
- Como vais desfrutar dessa liberdade de tempo e dinheiro?

MANTRA EMPREENDEDOR

"Um negócio onde deixo de trocar o meu tempo por dinheiro é o passaporte para a liberdade."

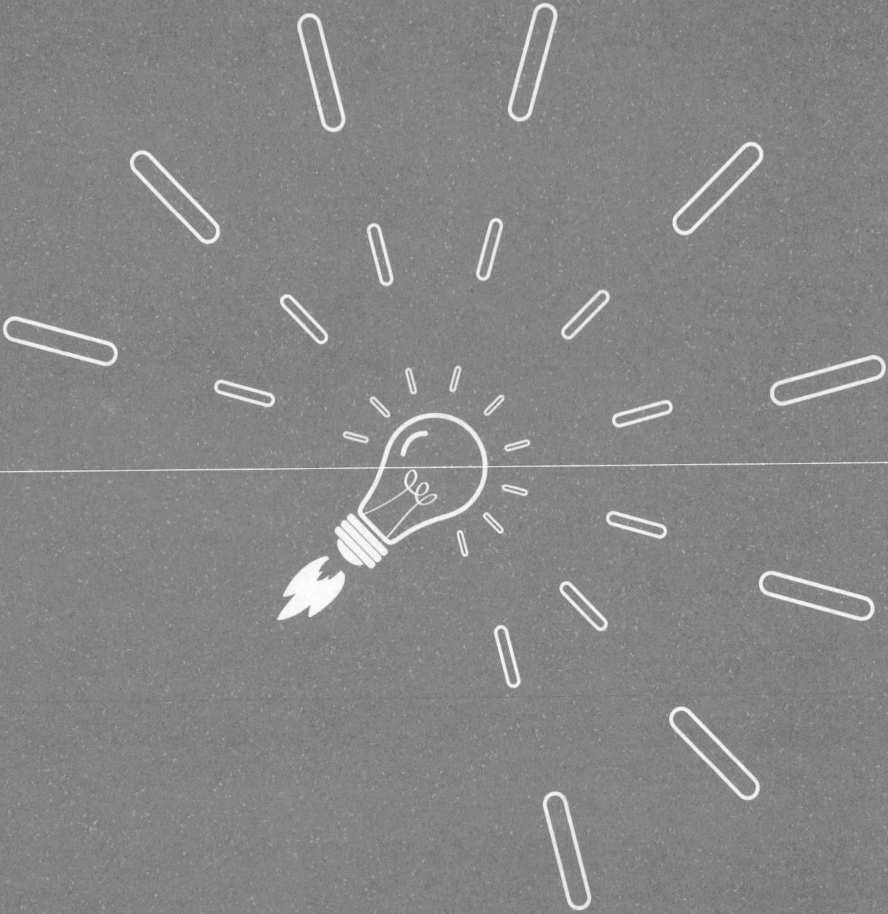

ANA CRISTINA ROSA

X. EMPREENDEDOR SEM UM POR QUE VS. EMPREENDEDOR COM UM LEGADO

Quando fechei as inscrições no meu primeiro lançamento online à séria, enviei um email a todos os inscritos com algumas perguntas. Uma das quais: O que te levou a inscrever no programa?

A resposta da maioria: A tua história, a forma como me identifiquei contigo, parece que te conheço. Desde então envio este mesmo questionário sempre que inicio uma nova turma e as respostas são sempre muito semelhantes.

Durante muito tempo não sabia comunicar o que fazia, despejava um sem número de cursos, especializações e títulos para explicar o que fazia. Falava das mais avançadas técnicas de PNL — Programação Neurolinguística — que tinha estudado, da última formação de Coaching que tinha feito, das 1001 ferramentas que usava, mas não falava da coisa mais importante.

Sempre tive uma grande paixão por estudar as marcas. Apercebia-me que no processo de comunicação delas com o público, nós, empreendedores, podíamos aprender muito, pois as marcas movem multidões. Existem tantas marcas em âmbito mundial, que ainda nem lançaram produtos e já há filas de espera. Como isto é possível?

O que têm na sua comunicação que faz as pessoas fazerem filas pelos produtos que ainda estão por ser lançados? Pois não são as marcas que correm atrás de clientes. São os clientes que as procuram. Seria possível, portanto, aplicar isto aos pequenos empreendedores, a alguém que está a dar os primeiros passos num negócio?

Andava com estas perguntas na cabeça, quando me deparei com o TEDx do Simon Sinek – "The Golden Circle" – onde ele revela o segredo das grandes marcas.

E que segredo é esse? Qual a coisa mais importante que durante anos não usei na minha comunicação?

As grandes marcas, as que têm uma maior reputação e visibilidade junto do público, são marcas que não focam a sua comunicação naquilo que vendem, mas sim na razão pela qual criaram aquele negócio. Fazem uma comunicação focada no "porquê" e não no "quê".

Era isto. Logo eu que defendia tanto a questão do Propósito, de fazermos o que nos apaixona, como não tinha pensado nisto – Comunicar o meu PORQUÊ.

"Olá, sou a Ana Cristina Rosa, sou Coach, formadora e mentora de empreendedores". Se não me conhecesses, o que isto te diria? O que saberias sobre mim?

E se por outro lado dissesse: "Eu sou a Ana Cristina Rosa e acredito que todas as pessoas têm talentos e paixões e que podem criar um negócio de sucesso alinhado com isso. O meu propósito é ajudar pessoas a transformarem-se em empreendedores alinhados com a sua missão de vida".

E agora? Consegues perceber a diferença?

Na segunda opção mostro porque faço o que faço e é assim que as pessoas se conectam.

Existem muitos exemplos disto a nível mundial. A Apple é um excelente exemplo. Eles não 'vendem' computadores, eles vendem uma filosofia de "Sê diferente, pensa diferente", então se as pessoas querem fazer parte de uma elite que pensa diferente têm de se juntar à marca e adquirir o produto. Eles vendem todo um conceito que é de uma elite, de pessoas que pensam fora da caixa e que são irreverentes, eles utilizam a imagem do Einstein para vender os seus produtos nos seus vídeos publicitários, então as pessoas pensam "quero fazer parte de um grupo exclusivo de pessoas que pensa diferente, então para isso eu preciso de ter aquela marca".

A Coca-Cola, que todos concordamos que não é um produto saudável, não 'vende' refrigerantes, mas, sim, alegria, momentos de alegria em família. Vende, no fundo, emoções. E é isso que nós empreendedores temos de perceber de uma vez por todas.

O mercado já não está interessado em comprar apenas produtos e serviços. Quer comprar emoções, quer comprar soluções para algum problema.

O público é persuadido a comprar determinado produto ou serviço porque se identificou com a missão daquela marca.

Reflete sobre isto:

Qual o teu grande porquê?
Porque criaste o teu negócio?
Como vais comunicar isso?

A partir do momento em que descobri isto passei a trabalhar com os meus empreendedores o poder de um forte porquê.

A Maria, uma das minhas empreendedoras vende roupa de praia. Dizia que aquilo era a sua paixão, mas que não percebia como poderia comunicar isso como uma missão.

— Pensa na verdadeira razão pela qual criaste este negócio— disse-lhe eu.

Ela pareceu pensar um pouco e respondeu:

— Porque acredito que todas as mulheres se podem sentir lindas, bonitas, podem aumentar a sua autoestima com a forma como se vestem. E nesse momento 'fez-se a luz', percebeu que não vendia roupa de praia, mas sim um produto que faz com que as mulheres se sintam mais bonitas, mais confiantes, mais de bem com a vida e com a sua autoestima, independentemente do seu corpo ou da sua idade.

A Filipa cria padrões personalizados para acessórios. Ao fazermos este exercício, disse que com o seu negócio pretendia que cada mulher se sentisse única e especial quando usasse as suas peças.

A Inês trabalha na área da parentalidade, e ao fazer o desafio do porquê chegou à conclusão de que a sua missão é ajudar pais a educarem crianças, que serão os adultos felizes de amanhã.

A Joana trabalha na área da gestão do tempo, e tem como missão ajudar mulheres a fazerem cada segundo das suas vidas valer a pena.

Repara como tudo isto é muito poderoso.

Como nos sentimos envolvidos na missão destes empreendedores? Isto é puxar pelo fator humano!

Como já compartilhei, dizem os estudos do Neuromarketing, um consumidor ao decidir comprar alguma coisa usa 80 por cento de emoção e 20 por cento de razão, então tentar vender só porque tem a característica x e y, mas sem tocar na emoção da pessoa não funciona.

Pensa por exemplo no processo que envolve a compra de um carro novo. O vendedor até pode estar a descrever detalhadamente todas as características do carro, mas o que estamos a imaginar são os passeios que vamos dar com a família e os amigos, as experiências que vamos ter, como nos vamos sentir ao volante do carro. Vamos conectar-nos com as emoções e no final a compra daquele carro é, apenas, o veículo para viver essa emoção.

"AO CRIAR
UM LEGADO A
MINHA VIDA
SERÁ ETERNA."

ANA CRISTINA ROSA

EMPREENDEDOR QUE DEIXA LEGADO

Todos os dias quando acordas deves ter bem claro na tua mente qual o teu "porquê". Respostas como, "quero apenas fazer algum dinheiro", "a minha vizinha tem um negócio semelhante e é capaz de ser uma ideia gira", "o meu pai sempre quis que eu criasse este negócio" não são respostas válidas.

Pensa no legado que queres deixar. Atenta para estas questões:

Como queres ser lembrado?
Que marca vais deixar?
Que movimento lideras?
Que bandeira queres levantar?
Porque as pessoas se querem juntar a ti?
Quais os valores que melhor representam o teu negócio?
O que sentes que podes dar ao mundo?

Eu, por exemplo, assumo como um dos meus principais valores, a liberdade, e isso está presente em toda a minha comunicação. Convido as pessoas a fazer parte de um movimento e a juntos criarmos um "novo mundo". Um mundo onde é possível criar vidas e negócios cheios de paixão, tempo e dinheiro para fazer o que mais gostamos junto de quem mais amamos. Repara como ao me comunicar desta forma com o meu público não estou a vender os meus programas, mas sim a possibilidade de criarem comigo este "novo mundo", de fazerem parte desta nova geração de empreendedorismo.

Esse "porquê" precisa ser claro, tem de conectar.

E isto é possível fazer com todos os negócios. Lembro-me uma vez estar a fazer este exercício com um grupo de empreendedores e alguém perguntar se era possível fazer isto com uma instituição bancária. Claro que sim. Os bancos há muito que comunicam desta forma. O que é que eles vendem? Eles vendem sonhos! Vendem o sonho de que é possível criar uma casa, é possível concretizar aquele sonho de fazer uma viagem em família, é possível planejar a chegada de mais um filho, é possível tirar aquele curso que há tanto tempo se queria fazer. Eles estão a vender sonhos, não estão a vender o crédito. Isto é possível de aplicar a qualquer negócio!

A maior parte das pessoas que comercializa produtos e serviços, foca-se, precisamente nisso, ou seja, na partilha de serviços e produtos e esquecem-se de algo muito importante – Esquecem-se que os clientes não querem comprar produtos e serviços. Os clientes querem comprar soluções para os seus problemas, querem comprar emoções!

Já pensaste como tens vindo a divulgar o teu negócio?

Já pensaste para além do que produzes ou apresentas?

Pensa no teu grande porquê. Ao utilizares esse "porquê" na tua comunicação, acredita que a história que vais passar a contar será completamente diferente e as pessoas que estão do lado de lá vão perceber que estás a falar exatamente para elas, diretamente para o seu coração. E, claro, quando perceberem que têm um problema, tu serás a pessoa que vai surgir na sua mente.

É verdade que atualmente há cada vez mais competição, mas aquilo que eu acredito é que para nos destacarmos só temos de mostrar o nosso diferencial. As pessoas não procuram o que é igual ou normal, procuram o que é especial e único. E quando nós conseguimos perceber como podemos oferecer ao mundo os nossos talentos e as nossas paixões de uma forma única e diferenciadora, ninguém nos pode copiar. Quando partilhamos a nossa história, quando utilizamos o nosso porquê na nossa comunicação, isso é algo que não é duplicável. E a partir daí deixa de ser uma questão de a quantos clientes vou vender e passa a ser quantas pessoas vou ajudar a transformar. Nesse momento, aquilo que era um negócio transforma-se numa missão de vida e o teu legado é inevitável.

Deixa-me partilhar aqui uma pequena história:

Era março de 2019.

Não tinha conseguido dormir a noite toda.

O jet-lag associado ao nervosismo fizeram com que passasse a noite em branco a rever a minha apresentação. Estava em Banguecoque, na Tailândia, convidada a dar uma palestra sobre empreendedorismo digital. A única mulher oradora e a única portuguesa nesse evento. O Artur e a Laura, na altura com cinco anos, estavam comigo, sentados na primeira fila. Não era a primeira vez que falava em público, mas o fato de ser em inglês, num país diferente, fazendo parte de um painel de oradores que eu tanto admirava, não era propriamente a minha zona de conforto.

Comecei:

— Sou a Ana, sou portuguesa, e acredito que todos temos um propósito que pode ser transformado num negócio que impacta a vida de outras pessoas. Este é o meu "porquê." Qual é o teu?

Em poucos minutos fiz com que todos se levantassem e escolhessem alguém na sala para partilhar o seu "porquê". O gelo estava quebrado. A seguir falei com o coração e esqueci qualquer nervosismo, no final tive de receber sinal de que estava quase a terminar o tempo.

Falei com paixão, falei da minha razão, falei do meu jeito do meu "porquê" e, apesar de naquela sala estarem empreendedores, muitos com mais resultados do que eu, sei que naquele dia deixei em cada um deles um pouco do meu propósito.

A isto se chama legado.

Não deixes indiferente nenhum lugar por onde passas. Toca cada pessoa com quem te cruzas. A vida é uma dádiva, não chegues ao final da linha sem deixar uma marca, a tua marca.

A RETER...

- As pessoas não compram o que fazes, mas por que que o fazes.
- A tua missão tem de estar clara na tua comunicação.
- Não se trata de quantas vendas vais fazer, mas de quantas pessoas vais ajudar a transformar.

PERGUNTAS que fazem despertar o melhor Empreendedor que há em Ti:

- Qual a razão pela qual criaste o teu negócio?
- Que movimento lideras?
- Que legado queres deixar?

MANTRA EMPREENDEDOR
"Ao criar um legado, a minha vida será eterna."

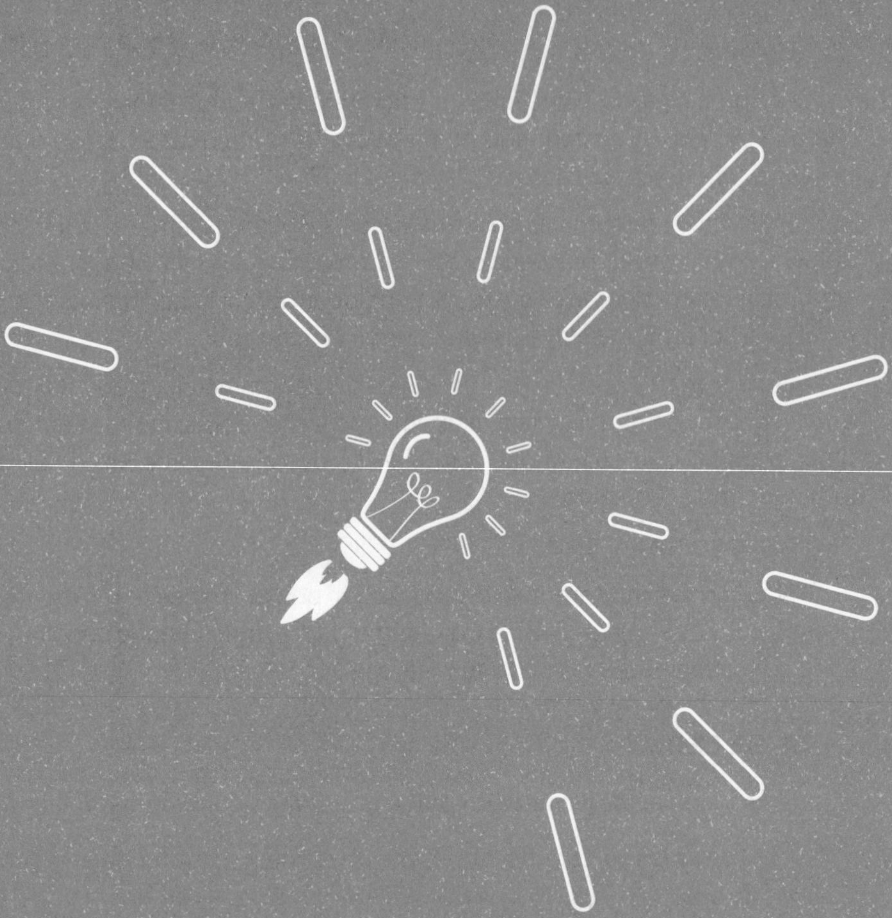

ANA CRISTINA ROSA

AVANÇAR OU DESISTIR

Maio de 2020

O país e o mundo de 'pernas para o ar.' PANDEMIA.

Há 2 meses fechada em casa. A Laura em ensino doméstico.

"As pessoas não têm dinheiro".

"Isto vai ficar cada vez pior".

"É melhor esperar e ver o que vai acontecer".

Diziam à minha volta.

Não esperei. Lancei mais uma edição do meu programa online onde ajudo empreendedores a criarem cursos online alinhados com as suas paixões.

Há anos que eu dizia "O online é o presente, não o futuro."

Mas nem tinha noção da verdade daquela frase num tão curto espaço de tempo.

Duas semanas depois, mais 172 inscrições.

Em menos de dois anos foram 500 novos empreendedores que se juntaram à minha comunidade. Cada um pagou bem mais de 1000 euros pelo programa.

Comecei este livro a relembrar o episódio em que percorri mais de 120 quilômetros ida e volta, para dar um dia de sessões gratuitas e ninguém apareceu.

Lembras-te da frase que diz "em momentos de crise há quem chore e há quem venda lenços"?

Sou, sem dúvida a que vende lenços.

O QUE MUDOU?

Mudei eu!

Acima de tudo mudei eu e a minha forma de estar no empreendedorismo.

empreender sem desculpas

O Empreendedorismo é para toda a gente? Não!

É para todos aqueles que ousam FAZER. Empreender é para ti?

Chegou o momento de seres tu a responder a esta pergunta.

Os meus empreendedores ouvem-me dizer com frequência, que "se fosse fácil todos faziam". Ao longo destas páginas partilhei contigo a minha jornada empreendedora, os desafios e conquistas que esta caminhada me trouxe.

Não é fácil, mas também não é difícil.

É diferente do que nos foi apresentado. E quem faz diferente, tem resultados diferentes.

Se chegaste até aqui não tenho dúvidas de que és um destes empreendedores que vai fazer a diferença.

Neste momento em que escrevo estas últimas linhas sinto uma sensação incrível de missão cumprida, de legado a ser deixado.

São os empreendedores que mudam o mundo, são os loucos do seu tempo que enchem os livros de história.

NÃO ESTÁS SOZINHO.

Criar um negócio é sairmos constantemente da nossa zona de conforto.

É desafiarmo-nos.

É acreditarmos quando mais ninguém acredita.

É desacreditar em segredo.

É pensar em desistir 1000 vezes.

É apesar de tudo, não se imaginar a fazer mais nada. Cria um negócio de dentro para fora.

Quando olhas primeiro para dentro e crias os alicerces da tua 'casa' e do teu negócio e percebes quais os teus medos, quais as tuas crenças, vais sentir o quanto isso te faz crescer.

Ser, Fazer para Ter é a filosofia pela qual rejo a minha vida.

Se queres alcançar algo não esperes pelo momento em que vais TER todo o conhecimento, todos os recursos, para depois FAZER alguma coisa e finalmente conseguires SER feliz.

Escolhe primeiro SER, ser alguém que acredita, que arrisca, e que depois decide FAZER o que tem de ser feito para finalmente TER o sucesso que merece.

O que partilhei contigo ao longo destas páginas é o que gostava de ter sabido logo no meu primeiro ano como empreendedora, porque, acredita, tinha-me poupado muito tempo e muitas cabeçadas. Por isso, esta vontade tão grande que sinto de, hoje em dia, partilhar contigo o que aprendi a fim de que tu, que estás a idealizar ou a ponderar criar um negócio ou até mesmo com um negócio já criado, tenhas a oportunidade de, através destas partilhas tão minhas, e ao mesmo tempo tão tuas, levar o teu sonho a outros patamares.

Já percebeste que o Empreendedorismo é uma 'loucura'.

E então vais avançar ou desistir?

Que este livro te sirva como um guia para te relembrar dos desafios que irás encontrar no teu caminho e que os possas 'olhar nos olhos' e dizer: Eu vejo que estás aí. Sei que vieste para me ajudar a crescer, então vamos lá perceber o que me vieste ensinar e seguir em frente.

Que agradável conversa tivemos.

Que os nossos caminhos se voltem a cruzar. Até breve!

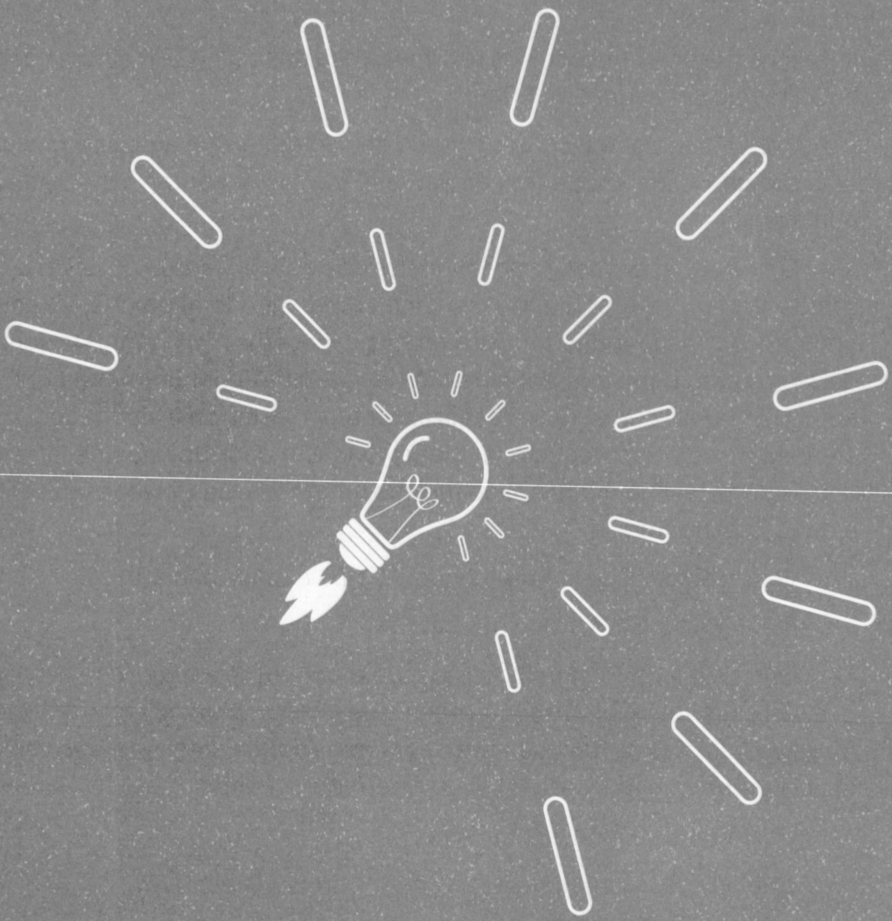

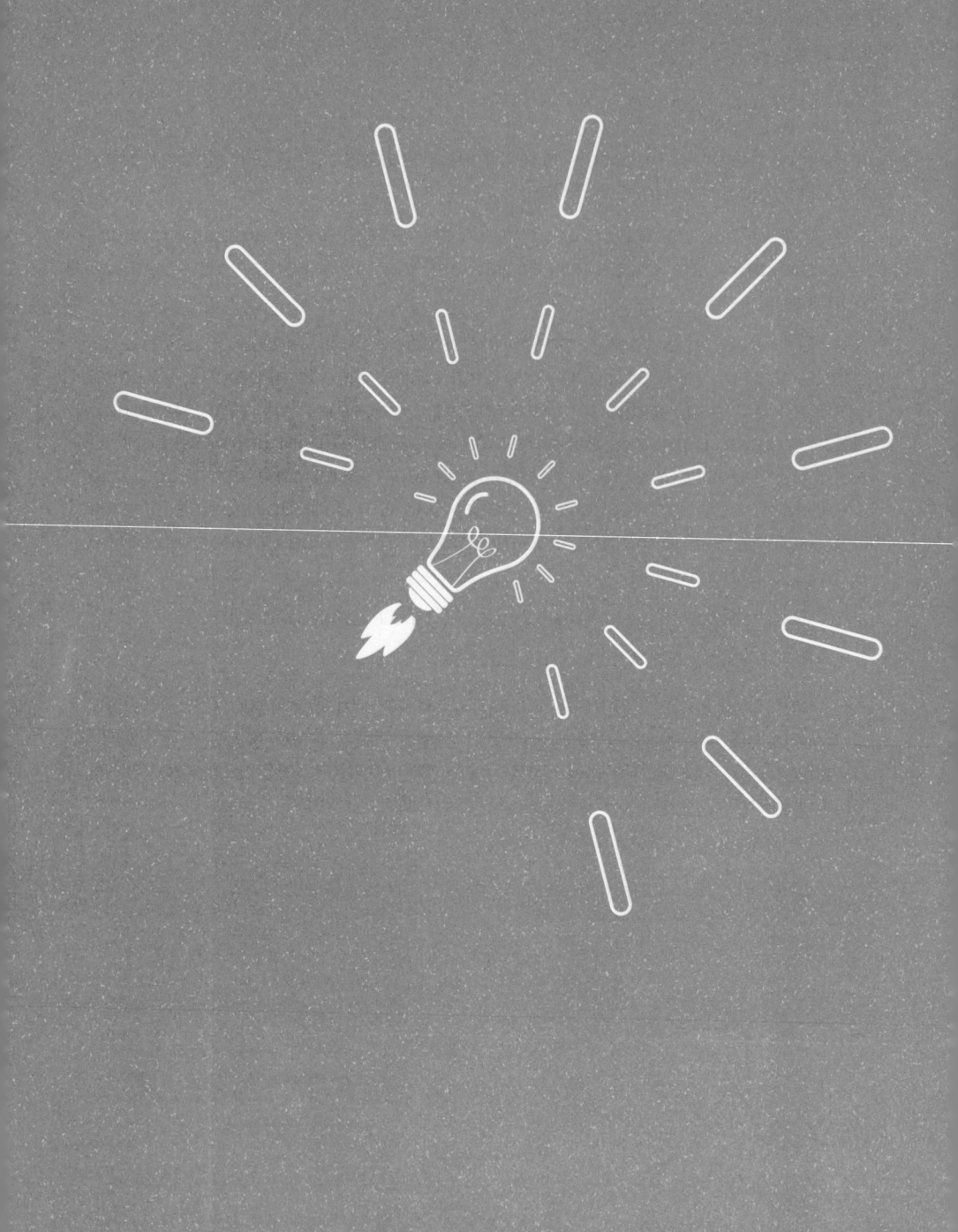

"TODOS TEMOS MEDOS.
A DIFERENÇA ESTÁ NA FORMA COMO OS ENCARAMOS: TRAMPOLIM OU SOFÁ."

MANTRA EMPREENDEDOR
"Sou o condutor do meu negócio, e por isso desfruto de cada curva que encontro no caminho."

MANTRA EMPREENDEDOR

"Um negócio onde deixo de trocar o meu tempo por dinheiro é o passaporte para a liberdade."

"GANHO DINHEIRO NA MESMA PROPORÇÃO DAQUILO QUE ME VALORIZO."

DVS EDITORA

www.dvseditora.com.br

GRÁFICA PAYM
Tel. [11] 4392-3344
paym@graficapaym.com.br